Rolf Heggen

Volleyball

Freizeitvergnügen für jedermann

Limpert

Fotonachweis s/w:
Baader 1, Baumann 1, Christow 1, Feuerstein 1, FMS 1, Gaebele 2, Heggen 4, Horstmüller 3, Joch 7, Martin 2, Mehrens 6, Mühlberger 8, NOP 3, Pawelczyk 1, Prümmer 1, Schirg 13, Simon 7, Werek 4, Witters 12, Wotan Press 1.

Fotonachweis Farbe:
Christow 1, Joch 3, Mühlberger 6, Simon 5, Werek 3.

Bildserien:
Mit freundlicher Genehmigung des Philippka-Verlages, Münster, „deutsche-Volleyball-Zeitschrift"

Zeichnungen Minivolleyball: Siegfried Wagner

1. Auflage 1980

Druck: Mohndruck, Gütersloh
Printed in Germany
ISBN 3 7853 1354 3

Inhaltsübersicht

Die Faszination eines Spiels

Millionen Fernsehzuschauer bekamen während der Olympischen Spiele in München die bunte Palette des Sports so farbenprächtig serviert wie wohl nie zuvor. Viele waren gefesselt von der Faszination mancher Sportarten, die hierzulande sonst im Schatten leben.

Die größten Erfolge durften dabei wohl die Volleyballspieler verbuchen. Bis tief in die Nacht, wenn in den anderen olympischen Sportstätten längst schon die Lichter ausgegangen waren, wurde in der Volleyballhalle mit unverminderter Begeisterung gespielt. Und morgens um zehn ging es schon wieder los.

Spieler und Zuschauer schienen gleichermaßen verzaubert: der weiße Volleyball hatte magische Kräfte. Und die Faszination dieses Spiels, dessen Spannung auch den Laien auf Anhieb fesseln kann, wurde über den Bildschirm Millionen Menschen direkt ins Haus geliefert.

Vor allem die Auftritte der Japanerinnen und Koreanerinnen wurden zu olympischen Höhepunkten. „Zugabe, Zugabe", brüllten die Zuschauer noch weit nach Mitternacht. Der Rausch der Spielerinnen hatte übergegriffen. Koreaner und Japaner tanzten auf den Rängen im Rhythmus ihrer Schreie. Und die deutschen Zuschauer schrien mit. Alles schien gebannt. Sieger und Besiegte hielten stundenlange Plädoyers für ein wunderbares Spiel.

Stürmische Entwicklung

Nach München '72 hat Volleyball auch zwischen Nordsee und Alpen den Weg zum Volkssport eingeschlagen. Keine andere Sportart, nicht einmal Fußball, konnte in den letzten Jahren auch nur annähernd so große Zuwachsraten in den offiziellen Mitgliederlisten verzeichnen wie Volleyball. 1955 erst wurde der Deutsche Volleyball-Verband (DVV) gegründet, 1961 zählte er noch nicht einmal tausend Mitglieder, zehn Jahre später waren es bereits dreißigmal soviele, und allein 1972, im olympischen Jahr, betrug die Zuwachsrate im Vergleich zum Vorjahr 91 Prozent. Die Zahlen sprechen für sich: 24000 Mitglieder 1971, 46000 Mitglieder 1972, 65000 Mitglieder 1973, 90000 Mitglieder 1974, 120000 Mitglieder 1975, 140000 Mitglieder 1976, 155000 Mitglieder 1977 und so fort. Die jährliche Zuwachsrate betrug zuletzt etwa 15 Prozent. 1980 waren es so schon mehr als 200000 Mitglieder.

Heute hat Volleyball in der Statistik der Fachverbände in der Bundesrepublik bereits so bekannte Sportarten wie Segeln, Rudern, Kanu, Eissport, Schwerathletik, Radsport, Basketball, Hockey und Boxen deutlich hinter sich gelassen. Und ein Ende des Volleyball-Booms ist noch nicht abzusehen. Der Deutsche Volleyball-Verband meldet weiter Hochkonjunktur.

Die Variationen des Volleyballs

Es gibt durchaus verschiedene Arten, Volleyball zu spielen. Je nachdem, ob katzengewandte Asiaten, temperamentvolle Südamerikaner oder kräftige Osteuropäer den weißen Ball pritschen, baggern oder schmettern. Bei Weltmeisterschaften oder Olympischen Spielen kommt alles zusammen; ein internationales Lehrbuch für die Praxis mit den verschiedensten Kapiteln. Und mitunter staunt nicht nur der Laie, zu welch unglaublich artistischen Leistungen die besten Spieler der Welt auf dem Volleyballfeld fähig sind. Da gibt es verwirrende Angriffskombinationen, unglaublich vehemente Schmetterschläge und geradezu verwegene Hechtsprünge zur Abwehr, daß nicht nur dem unbedarften Zuschauer der Atem stockt.

Die Erfindung des William G. Morgan

Ein gewisser William G. Morgan, Schulmeister aus dem Städtchen Holyoke im amerikanischen Bundesstaat Massachusetts, würde sich heute bestimmt noch mehr als jeder Laie wundern, wenn er die modernen Variationen des Volleyballs sehen könnte. Denn William G. Morgan gilt als der Erfinder dieses Spiels, das vor der Jahrhundertwende weder Volleyball hieß noch als harter Wettkampfsport geeignet schien. Im Gegenteil, der Direktor des Holyoke College, wo sich die Söhne angesehener Eltern im Internat mehr schlecht als recht langweilten, war viel mehr auf der Suche nach einem sportlichen Zeitvertreib für jene seiner Zöglinge gewesen, die sich in den anderen Sportarten gegen die Größeren und Kräftigeren nicht behaupten konnten. Im athletischen Basketball oder im rauhen amerikanischen Football hatten die Kleinen und Schwächlichen wahrlich nichts zu lachen.

Mit Tennisnetz und Basketball

„Die ewigen Klagen – ‚Die lassen uns wieder nicht mitspielen' – müssen dem Direktor eines Tages tüchtig zum Hals herausgehangen haben", schrieb der Bonner Journalist Hartmut Paeffgen über die Geburtsstunde des Volleyballspiels. „Es mußte doch möglich sein, ein Wettspiel zu finden, bei dem alle mitmachen konnten. Fußball, von dem Morgan in einer Fachzeitschrift gelesen hatte und das in England – ihm unverständlicherweise – schnell so viele Anhänger gefunden haben sollte, gefiel ihm nicht. Doch was sonst? Eines Morgens dann schleppte Morgan ein Tennisnetz in die Halle. Das eine Ende des Netzes befestigte er mit einer Schnur am Fensterkreuz, das andere an einem Nagel in der gegenüberliegenden Hallenwand. Das Netz hing in der Mitte etwas durch, wie Wäsche auf der Trockenleine. Wenn die braven Bürger von Holyoke ihren Mister Morgan in den folgenden Minuten gesehen hätten, sie hätten ihn wohl endgültig für verrückt erklärt. Da warf er die Blase eines Basketballs über das Netz, rannte wie besessen darunter durch, fing die Blase auf der anderen Seite auf, warf sie auf dem gleichen Weg zurück, wieder unten durch, drüber, unten durch, drüber . . .

William G. Morgan nannte seine Erfindung ‚Minonette', und seinen Schützlingen machte dieses Spiel von Tag zu Tag mehr Spaß. Toll, was man mit einem Netz und einer Gummiblase alles anstellen konnte! Bald gab es richtige Spezialisten, die mal sanft, mal mit Wucht den Ball zu spielen verstanden. Und vor

allem: Es konnten soviele mitmachen, wie wollten. Einer gegen einen ebenso wie zehn gegen zehn.

Vom Minonette zum Volleyball

Einige Jahre später – längst spielte man in fast allen YMCA-Sportschulen Minonette – gab Dr. A. T. Halstead, ebenfalls Pädagoge, in Springfield dem Spiel den Namen ‚Volleyball' (einen Ball direkt und im Fluge weiterspielen).
Als 1916, also 21 Jahre nach jenem ebenso denk- wie merkwürdigen Augenblick, da sich ein Schuldirektor mit einem Netz, ein paar Schnüren, einer Blase, Hammer und Nagel bewaffnet hatte, das erste Volleyball-Regelwerk erschien, gab es in den Vereinigten Staaten von Amerika bereits 200 000 Volleyballspieler."

Das Millionenspiel

Heute nun ist Volleyball längst ein Millionenspiel geworden. Die Faszination des weißen Balles griff vor allem nach Osten über, wo Volleyball trotz der Konkurrenz von Fußball (im europäischen Raum) und Tischtennis (im asiatischen Raum) einen in der Welt des Sports einmaligen Siegeszug antrat.
Wieviele Menschen nun in wievielen Ländern Volleyball spielen, kann nur noch über den Daumen geschätzt werden. In diesen Größenordnungen lassen sich genaue Zahlen nicht mehr feststellen, zumal die Zahl der nichtorganisierten „Freizeitspieler" die Zahl der statistisch erfaßten und in Verbänden registrierten „Wettkampfspieler" um ein vielfaches übertreffen dürfte. Mit Sicherheit sind es einige hundert Millionen Menschen, die

mit mehr oder weniger Geschick in der ganzen Welt dieses besondere Fingerspitzengefühl für das Pritschen und Baggern bereits kennengelernt haben.
Neben Basketball und weit vor Fußball gilt Volleyball heute als das weitest verbreitete Mannschaftsspiel der Welt. Dem Internationalen Volleyball-Verband (Federation Internationale de Volleyball / FIVB), der erst nach dem zweiten Weltkrieg (1947) mit Sitz in Paris offiziell gegründet wurde, gehören derzeit rund 140 nationale Mitgliedsverbände an mit mehr als 100 Millionen aktiven und registrierten Spielern.

Der olympische Sprößling

Zu Beginn der sechziger Jahre stürmte Volleyball dann auch den Olymp. Das Internationale Olympische Komitee (IOC) nahm einen Sprößling in die große olympische Familie auf, der schon bei seinem ersten Auftritt (1964 in Tokio) den meisten anderen olympischen Sportarten über den Kopf gewachsen war. Bereits 1952 wurden bei der ersten Weltmeisterschaft in Moskau bei einzelnen Spielen bis zu 60000 Zuschauer gezählt. Vornehmlich in den osteuropäischen Ländern sowie in Japan und Korea wurden in den fünfziger und sechziger Jahren Technik und Taktik des Volleyballspiels systematisch entwickelt. Aus diesen Ländern kommen auch die erfolgreichsten Teams bei Weltmeisterschaften und Olympischen Spielen.

Ein Trimmtip für jedermann

Unter den vielfältigen Mannschaftsspielen nimmt Volleyball gewiß eine besondere Stellung ein. Es läßt sich nämlich nahezu überall spielen, in der Halle und im Freien, am Strand, im Schwimmbad, auf Wiesen, Schulhöfen oder Parkplätzen, Männer und Frauen können gemeinsam eine Mannschaft bilden, das Alter spielt keine Rolle und die Anzahl der Spieler auch nicht. Alles an diesem Spiel läßt sich variieren. Im Vordergrund steht die Spielfreude. Erst im sogenannten organisierten Spielbetrieb, in dem es dann um Punkte, Titel und Medaillen geht, wird aus dem „Allerweltsspiel" ein nach recht straffen Regeln geführter Wettkampf.

Doch außerhalb der Leistungsgesellschaft des Sports ist Volleyball ein geradezu idealer Trimmtip für jedermann.

Das Familienspiel

Volleyball als Spaß für die ganze Familie. Keine andere Mannschaftssportart kann Männlein und Weiblein so harmonisch miteinander ins Spiel bringen. Hierzulande hat man sich sogar schon Gedanken über eine „Ehepaarliga" gemacht. Zwei oder drei Paare bilden ein Team. Ähnlich wie im Tennis, Tischtennis oder Badminton sind solche gemischten Teams eine durchaus vergnügliche Sache, wenn auch nicht für den absoluten Leistungssport auf Grund der zu großen körperlichen Unterschiede. In den sogenannten Neigungsgruppen der Schulen und Uni-

versitäten, in Freizeitgruppen sind die gemischten Mannschaften ohnehin gar nicht mehr wegzudenken.
Der reine „Kraftprotz“ hat im Volleyball sowieso keine Chance. Fingerspitzengefühl für den weichen, leichten Ball, Körperbeherrschung und vor allem blitzschnelle Reaktionen zeichnen den guten Volleyballspieler aus. Und eine Frau kann da durchaus „ihren Mann“ stehen.

Beach- und Freiluft-Volleyball

Der Strand von Rio zum Beispiel gilt heute als der größte, schönste und bekannteste Trimm-Park der Welt. Die Fußballfelder, auf denen sich Tausende um Pelés Erbe bemühen, sind kaum zu zählen. Doch selbst im fußballverrückten Brasilien wird nicht nur gedribbelt, geflankt und geschossen. Im feinen Sand der Copacabana und am Strand von Ipanema bleibt noch genügend Platz für die kleineren Volleyballfelder. Und hier wird nicht weniger temperamentvoll und begeistert gepritscht, gebaggert und geschmettert: Volleyball als Volkssport, selbst unter der heißen Sonne Südamerikas.
Freiluft-Volleyball findet in aller Welt immer mehr Anhänger. In St. Anthonis zum Beispiel, einer kleinen holländischen Gemeinde zwischen Venlo und Nijmwegen unweit der deutschen Grenze, wird seit mehr als zwanzig Jahren ein großes internationales Turnier auf Rasen durchgeführt. Mannschaften aus Ost und West kommen alljährlich über Pfingsten nach St. Anthonis. Nach einer langen, anstrengenden Hallensaison ist das

Spiel an der frischen Luft auf einem herrlichen Rasenteppich eine willkommene Erholung.
„Mädchen, Money und Athleten", überschrieb die „deutsche volleyball-zeitschrift" eine Reportage vom Beach-Volleyball, made in USA: „Ein Pendant zur europäischen Freiluftszene stellen die amerikanischen Beach- Volleyballer dar, die nach Beendigung der College- und Professional-Season die Westküste zwischen San Diego und Los Angeles ‚heimsuchen'. Mixed teams sowie Zweier- oder Dreier-Mannschaften verdienen sich zum Teil auf halb professioneller Basis ein hübsches Taschengeld. Clevere Sponsoren bieten bis zu 2500 Dollar für einen Turnier-Gewinn (Zweier-Team) und organisieren Zuschauermengen bis zu 7000 Fans, die natürlich auch ein bißchen Werbung über sich ergehen lassen müssen. Faszinierende Szenerie, wenn sich verbissen kämpfende Topspieler mit freiem Oberkörper und knappem beach wear vor braungebrannten Strandhasen bei dem Geräusch von hart auflaufenden Pazifikbrechern ihre Duelle liefern."
Auch Volleyball-Trainer Dr. Peter Hedrich aus Mariabrunn propagiert mit Enthusiasmus den Beach-Volleyball: „Sogar die Copacabana – der Inbegriff des Strandfußballs schlechthin – erlebt heute schon mehr Volleyballkämpfe als Fußballschlachten, nachdem sich dieses Spiel mit kalifornischen Regeln bereits vorher am vornehmeren Strand von Ipanema in Rio durchgesetzt hatte. Es sind wirklich harte Kämpfe, die sich da abspielen: Zwei gegen zwei, jeweils ein Satz; die Sieger dürfen so lange spielen, bis sie von einem anderen Paar bezwungen worden sind. Es gibt Paare, die schaffen das bis zu drei Stunden. Keine Frage, daß es sich dabei um Topathleten handelt.
Trotzdem ist Manhattan Beach, der Volleyballstrand von Los Angeles, sicher der größte Volleyballplatz der Welt, wenn es auch ähnliche Anlagen in San Diego und Tijuana gibt. Diese Art Volleyball sollte man viel mehr propagieren: Strand-Volleyball oder überhaupt Freiluft-Volleyball. Spieler, die dieses Spiel lieben, haben echte Kämpferherzen, versuchen einfach jeden Ball zu retten und schlagen aus allen Lagen – auch wenn der Zuspieler nur eine ganz ‚krumme Gurke' zustande bringen konnte; Spielzüge, die in ganz besonderem Maße vom Publikum honoriert werden. Wir – die Trainer – sollten alles versuchen, um Volleyball nicht zum ‚feingeschliffenen Parkettsport' werden zu lassen."

5

Profi-Volleyball

Über eine weitere Spezialität des amerikanischen Volleyballs berichtete Annedore Richter, die ehemalige deutsche Nationalspielerin aus Münster, in der „deutschen volleyball-zeitschrift“:

„Alles begann mit jenem freundlichen Amerikaner, der während der WM 1974 in Mexiko in den Gängen zwischen Spielfeld und Kantine seine ‚Opfer‘ suchte: Chuck Nelson, league administrator der damals noch nicht ins Leben gerufenen ‚pro league‘, notierte eifrig Adressen von WM-Teilnehmern, die nicht gleich abdrehten, als er mit harten Dollars als Lohn für das winkte, was die meisten der Angesprochenen bisher umsonst taten: für Pritschen, Baggern und Schmettern.

Auch Annedore Richter, die markanteste Erscheinung im deutschen WM-Aufgebot in Mexiko, überließ Chuck Nelson ihre Adresse, und siehe da, einige Monate später saß sie dem USA-erfahrenen Kölner Wirtschaftsanwalt Graf von Westphalen gegenüber, der mit ihr den Vertragsentwurf der amerikanischen Profis auf eventuelle Fußangeln durchcheckte. Man fand auch ein Haar in der Suppe: ‚Die Option der Amis auf Vertragsverlängerung über ein Jahr hinaus haben wir 'rausgenommen‘, erinnert Annedore sich, ‚und meine freie Verkäuflichkeit wurde ausgeschlossen‘.

Alsdann unterschrieb sie bei den Santa Barbara Spikers, noch nicht ahnend, daß auch Stanislaw Gosciniak, der Alleskönner von Weltmeister Polen, das Trikot dieser Truppe tragen würde. Vier Männer und zwei Frauen in einer Mannschaft – das war die wesentlichste Modifizierung der Regeln für die pro league, wenn man hinzunimmt, daß jeder Spieler seine feste Position hatte, die auch bei Aufschlaggewinn nicht geändert wurde. Bei einer Netzhöhe von 2,43 m war für die Frauen vorne ohnehin nichts zu holen – also spielten sie auf den Positionen I und V im Hinterfeld. Auf der VI stand bei den Santa Barbara Spikers niemand anders als Stanislaw Gosciniak. Er hechtete sich in die Herzen des Publikums, aber auch Annedore Richter zeigte keine Furcht vor harten Schmetterbällen. ‚Weil die Netzarbeit wegfiel, war das Ganze nicht so anstrengend, wie ich es als Angreiferin gewohnt war‘, befand Annedore, ‚aber jungen Spielern würde ich nicht raten, in die Profiliga zu gehen, weil sie zu einseitig gefordert würden.‘ Abgesehen davon, daß diesen ja eine lebenslängliche Sperre droht . . .

Annedore Richters Aussage, das Schwierigste für die Internationale Volleyball Association (IVA) – so nennen sich die Profis – sei es, die ersten drei Jahre zu überstehen, läßt sich mit Zahlen untermauern: allein im ersten Jahr mach-

te man einen Verlust von rund einer Million Dollar. Kein Wunder, denn der Kostenapparat ist beträchtlich. Schließlich läßt man es sich etwas kosten, bekannte ausländische Spieler für die pro league zu gewinnen. Je nach Qualität bekommen diese für einen Dreimonatskontrakt – so lange dauert die Saison – zwischen 3000 und 10 000 Dollar. ‚Außer in den zwei Stunden täglichen Trainings und bei den Spielen konnte man sich mit privaten Dingen beschäftigen', erzählt die Münsteranerin.

Ob sie wegen des Geldes in die USA gegangen sei. ‚Quatsch!', wehrt Annedore Richter ab, ‚mich lockte die Ferne. Wenn man mir Flug und Unterkunft bezahlt hätte, hätte ich auch in Rio oder sonstwo gespielt.'

Weil aber eben gerade Chuck Nelson etwas geboten hatte, spielte Annedore nun bei den Santa Barbara Spikers. Den dritten Platz belegte ihre Truppe unter fünf Teams. Gespielt wurde zwar wie bei uns mit Hin- und Rückbegegnung, aber immer da, wo die geringsten Reisekosten entstanden oder die meisten Zuschauer kamen. Das Publikum kam – nicht zuletzt, weil Mixed-Mannschaften doch etwas Besonderes an sich haben.

‚Unter dem Stichwort woman's liberation ein wenig in das Emanzipationshorn zu stoßen, gehörte dort halt zum guten Stil', ironisiert Annedore ein wenig.
Interessant auch, daß die fünf Mannschaften die zwei- bis dreimal pro Woche antreten mußten, prominenten Eigentümern gehörten. Einer von ihnen war Wil Chamberlain, legendärer Basketballstar, inzwischen 38 Jahre alt, immer noch 2,10 Meter groß und immer noch selbst am Ball. Nur eben jetzt am Volley-Ball. ‚Er kann nicht richtig spielen, aber er bringt das Publikum in die Hallen. 6000 kamen immer, wenn seine Southern California Bangers spielten', berichtet Annedore. Ein anderer Prominenter, der seine Finger ins Volleyballgeschäft steckte, war David Wolp, bekannter TV-Produzent, Mieter von Paul Gettys Luxusvilla am Strand von Santa Monica. Auch Berry Gordy, Owner der meisten schwarzen Soulsänger wie Diana Ross oder den Supremes, besaß eine Mannschaft: die San Diego Breakers. Klangvolle Namen aus dem Showgeschäft ziehen das Publikum in Kalifornien eben mehr als solche aus der Volleyballbranche. Denn diese Sportart führte und führt in den USA nur ein Schattendasein."

Wasser-Volleyball

Andere Länder, andere Strände, andere Spiele. Doch Volleyball ist heutzutage fast immer dabei. Die Größe des Spielfeldes, die Höhe der Leine (oder des Netzes), die Art der Spielfeldbegrenzung, alles bleibt den Spielern selbst überlassen. Auch die Art des Bodens, auf den der Ball ja möglichst nicht fallen soll, spielt beim Freizeit-Volleyball keine Rolle. Selbst im seichten Wasser kann dieses Spiel ein überaus spritziges Vergnügen sein.

Diplom-Sportlehrer Rainer Martin aus Waltrop hat sich sogar spezielle Spielregeln für das feucht-fröhliche Volleyball-Vergnügen ausgedacht. Mit „Wasser-Volleyball" möchte er zum einen den Schwimmunterricht an den Schulen auflockern und zum anderen die Schüler das Volleyballspiel entdecken lassen. So mancher Schlag dürfte dabei zwar ins Wasser gehen, doch Wasserschlachten dieser Art haben bestimmt auch ihre Reize. In der Zeitschrift „Volleyball" (Heft 3, Jahrgang 10) veröffentlichte Rainer Martin seine Vorstellungen:

Es geht hier nicht darum, die Schwimmstunde zugunsten des Volleyballspieles umzufunktionieren. Die Situation an unseren Schulen ist leider so, daß der Schwimmunterricht vielerorts überhaupt nicht erteilt werden kann. Auch da, wo die Schwimmstunde in den Rahmen des normalen Badebetriebes eingegliedert werden muß, ist an eine derartige Spielform kaum zu denken. Wenn die Schule allerdings ein Bad zur alleinigen Verfügung hat, dann kann das Wasservolleyballspiel dazu beitragen, den Schwimmunterricht sinnvoll aufzulockern.

Zur Organisation

1. Spielfläche: Als Spielfläche eignet sich das Nichtschwimmerbecken, das ja meistens durch eine Leine vom Schwimmerbecken abgeteilt ist. Durch das Spannen oder Halten einer Zauberschnur in Reichhöhe wird diese Fläche in zwei gleich große Hälften geteilt.
2. Spielerzahl: Die durch den Wasserwiderstand bedingte Einschränkung der Bewegungsfreiheit muß durch Erhöhung der Spielerzahl ausgeglichen werden. Je nach Größe der Spielfläche kann eine Mannschaft bis zu 20 Spieler umfassen.
3. Spielregeln: Trotz der gebotenen Vereinfachung im Rahmen der vorgegebenen Bedingungen möglichst volleyballnah.
4. Wasserhöhe: 0,80 bis 1,30 m.
5. Spielgeräte: 1 Zauberschnur, 1 aufblasbarer Wasserball mittlerer Größe.

Bemerkungen: Dieser Organisationsrahmen hat den Vorteil, daß die ganze Klasse, einschließlich der Nichtschwimmer, am Spiel teilnehmen kann. Daneben sind die Spielrequisiten einfach und billig und erlauben einen sehr schnellen „Auf- und Abbau".

Zum Spiel

Da fast jeder Schüler in der Lage ist, sich auf den langsamen Flug des Wasserballs einzustellen, kommt auch bei den Sextanern schnell ein echtes Spiel in Gang. Die häufigen Ballpassagen vermitteln Erfolgserlebnisse, die sich wiederum motivierend auf das Erlernen des echten Volleyballspieles auswirken können. Um das Spiel im Fluß zu halten und möglichst volleyballnah zu gestalten, erscheint es sinnvoll, das einarmige Spiel und das Fausten des Balles frühzeitig zu unterbinden. Dadurch kann das Pritschen in seiner Grobform häufig geübt werden.
Der Wasserwiderstand wirkt zwar einer schnellen Platzveränderung entgegen, er ermöglicht aber auf der anderen Seite durch seine sanft bremsende Wirkung von Anfang an „akrobatische" Bewegungen zum Ball, so daß Reaktion und Gewandheit in hohem Maße geschult werden.
Eine sehr wichtige Voraussetzung zur sauberen Ausführung des Pritschens, das Beugen und Strecken der Beine, wird vom Wasser als Element automatisch gefordert und damit gefördert. Der Tennisaufschlag in seiner Grobform stellt die Schüler ebenfalls vor kein Problem, denn die Trefffläche ist groß und das Ballgewicht gering. Die Aufgabe gelingt fast immer und hält so das eigentliche Spiel in Gang, ohne die leidigen Unterbrechungen durch ständige Fehlaufschläge. Durch die aufgezeigten Vorteile des Wasservolleyballs kann durch dieses Spiel schon zu einem sehr frühen Zeitpunkt eine Motivation zum Erlernen des echten Wettkampfspieles geweckt werden. Außerdem werden dabei in spielerischer Form einige wichtige technische Elemente geübt, die sich bei der Einführung des Volleyballspieles positiv auswirken können.
Auch der frühere Bundestrainer im Wasserball, Laszlo Sarossi, sieht im Wasser-Volleyball eine neue Möglichkeit, sich spielend die Zeit zu vertreiben. Für den aktiven Wasserballer sei es eine neue Trainingsmethode. Was beim Wasserball unverhältnismäßig viel Härte und eine robuste Konstitution erfordere, falle beim Volleyball weg: „Es gibt keine brutalen Angriffe Mann gegen Mann, nur die Geschicklichkeit im Wasser und am Ball zählt." Die Freude am Spiel komme von alleine; der Einsatz bringe die Kondition.

Die eigenen bitteren Erfahrungen mit dem harten Wasserballtraining seiner Jugend hatten Laszlo Sarossi schon lange nach einer Möglichkeit suchen lassen, vor allem seinen jüngeren Talenten eine neue Trainingsform zu bieten, die ihnen mehr Spaß macht.
Von der Idee zur Verwirklichung ist es oft ein weiter Weg, und auch Laszlo Sarossi zauberte den neuen Wassersport nicht im Handumdrehen in das Schwimmbekken. Da mußten exakte Regeln ganz auf das Medium Wasser zugeschnitten werden und da galt es, einen technischen Rahmen für das Spiel zu finden, der allen Anforderungen gerecht wird. Die damit verbundenen Probleme wurden bewältigt: Längst gibt es eine stabile, freischwimmende Stahlrohrkonstruktion für das auf verschiedene Höhen einstellbare Netz, und natürlich gehört auch eine Spielfeldbegrenzung aus Schwimmleinen wie beim Wasserball dazu.
Ein Sportgeschäft in Bockenem im Harz hat bereits den Vertrieb des neuen Spielzubehörs für die Bundesrepublik übernommen, und bei vielen Vereinen findet Wasser-Volleyball Freunde. Der Sommer hat auch gezeigt, wie vielseitig das neue Spiel ist: Keineswegs auf Schwimmbäder begrenzt kann Wasser-Volleyball im Meer, in Seen oder auch in Flüssen gespielt werden. Durch einen einfachen Trick ist Wasser-Volleyball für Schwimmer und Nichtschwimmer, Sportskanonen und Unsportliche gleichermaßen geeignet: Drei für das Spiel wichtige Komponenten sind nämlich veränderlich: die Wassertiefe, die Netzhöhe und schließlich Gewicht und Härte des Balles. So wird der Wasserballer als Training ein Spiel mit hohem Netz, tiefem Wasser und schnellem, harten Ball bevorzugen, der untrainierte Nichtschwimmer dagegen ein Spielfeld, wo er den Boden unter den Füßen nicht verliert, ein niedrigeres Netz und einen leichten Ball, der langsamere Reaktionen zuläßt.
Die Mediziner haben der neuen Sportart ihren Segen gegeben: Sie gilt als muskel- und kreislaufstärkend und beansprucht den gesamten Bewegungsapparat.

Volleyball als harter Kampfsport

Auf Grund der relativ geringen Spielfeldgröße (im Durchschnitt 13,5 Quadratmeter pro Spieler) werden im Volleyball andere athletische Anforderungen gestellt als etwa im Fußball oder Handball. Die langen Laufstrecken entfallen, aber auch die langen Erholungsphasen. In keinem anderen Kampfspiel werden soviele blitzschnelle Starts, soviele kurze Reaktionen und soviele Sprünge verlangt. Bei durchschnittlich anderthalb Stunden Spieldauer (minimal etwa dreißig Minuten, maximal etwa drei Stunden) absolvieren Angriffspieler bis zu zweihundert Sprünge mit relativ kurzem Anlauf aber beachtlichen absoluten Sprunghöhen (bis über einen Meter bei den Männern, bis zu achtzig Zentimeter bei den Frauen). Hinzu kommen zahlreiche wuchtige Schlagbewegungen, die mit vollem Körpereinsatz ausgeführt werden, Hechtsprünge nach vorne und zur Seite, um Bälle, die aus relativ kurzer Entfernung mit großer Geschwindigkeit (mitunter über 100 km/h) kommen, abzuwehren. Das alles ist ein überaus schweißtreibendes Geschäft. Ein guter Spieler sollte auch während der Spielunterbrechungen ständig in Bewegung bleiben, um die hohe „Betriebstemperatur" zu erhalten und nicht „kalt erwischt" zu werden.

Bei dem technisch schwierigen Zusammenspiel auf engstem Raum, bei der ständigen gespannten Aufmerksamkeit in der Verteidigung werden zudem hohe Anforderungen an die Konzentrationsfähigkeit gestellt. Die Nerven spielen mit, ähnlich wie beim Tennis oder Tischtennis, wo es auch auf viele, blitzschnelle Reaktionen und Reflexe ankommt. Manche Ballwechsel dauern im Volleyball nur zwei, drei Sekunden. Durchschnittlich sind es etwa zehn Sekunden; und nur in ganz seltenen Ausnahmen bleibt der Ball länger als eine Minute im Spiel. Denn jede kleine Konzentrationsschwäche macht sich fast unweigerlich als zählender Fehler bemerkbar.

Schachspiel für Mannschaften

Zum Volleyball gehört nicht zuletzt eine besondere Spielintelligenz. „Von allen Mannschaftsspielen ist Volleyball das pfiffigste", meint Diplom-Sportlehrerin Dagmar Berg, die in Schwerte ein Leistungszentrum für weibliche Volleyball-Talente aufgebaut hat. Der frühere Bundestrainer Edgar Blossfeldt spricht vom „Schachspiel für Mannschaften", in dem jeder auf jeder Position stets voll konzentriert mitdenken müsse. Tatsächlich verlangen die unzähligen Variationen des Volleyballs in der taktischen und technischen Perfektion auch unzählige

Spielzüge, in denen jeder Spieler ganz bestimmte Aufgaben zu erfüllen hat.
Der Wert des Volleyballspiels als Freizeit- und Erholungssport ist unter Experten heute unbestritten. Doch hierzulande fehlt es noch an vielen wichtigen Voraussetzungen, das nicht gerade leicht erlernbare Spiel „unters Volk“ zu bringen. Gezielte Aktionen, das Volleyballspiel auf der großen nationalen Trimm-Welle mitschwimmen zu lassen, haben (noch) Seltenheitswert. An den Stränden, in Schwimmbädern, in Trimmparks, auf Spielwiesen oder Schulhöfen ließen sich dabei ohne großen Aufwand die notwendigen technischen Voraussetzungen für Volleyball (zwei Ständer, ein Netz) schaffen. Doch selbst in vielen Sport- und Turnhallen fehlt es noch an entsprechenden Einrichtungen.

Aller Anfang . . .

Begeisterung allein macht natürlich noch keinen Volleyballspieler. Aller Anfang ist hier weitaus schwerer als etwa im Fußball, Handball oder selbst im Basketball. Blaue Flecken an den Unterarmen, umgeknickte Finger und abgebrochene Nägel sind vor allem bei weiblichen Anfängern mitunter zu beklagen. Schließlich soll der Ball nur mit den Fingerspitzen „gepritscht", mit den Innenseiten der Unterarme „gebaggert" und mit der flachen Hand „geschmettert" werden. Die feine Technik des Volleyballs muß recht sorgfältig studiert werden, weil sonst das Spiel unter lauter Anfängern nur sehr schwer in Schwung kommt. Und es ist nicht immer leicht, den Anfänger über diese Durststrecke hinweg für das Spiel zu begeistern.

Ein Spiel nur für Akademiker?

Dennoch hat Volleyball auch hierzulande schon viele Anhänger gefunden, die außerhalb der Vereine den Ball mit beachtlichem Leistungsniveau über das hohe Netz jagen. An den Sportinstituten der Universitäten gilt Volleyball heute in der Lehrerausbildung bereits als beliebteste Sportart. Das läßt darauf hoffen, daß Volleyball künftig auch mehr in Grund- und Hauptschulen gespielt wird, auch wenn das an Lehrer wie Schüler ungleich höhere Anforderungen stellt als etwa Völkerball. Sportunterricht in Sachen Volleyball beschränkte sich zu lange auf Gymnasien und Universitäten. Ein Spiel nur für Akademiker? Es liegt an den Verbänden, Vereinen und Schulen, Volleyball auch hierzulande zu dem zu machen, was es andernorts längst schon ist: ein Spiel für jedermann.

Einen neuen Weg, das Volleyballspiel ähnlich wie Segeln Reiten oder Tennis über den sportlichen Urlaub populär zu machen, ging man bereits in Marina Wendtorf, einem Urlaubshafen an der Ostsee. In der „Internationalen Volleyballschule Marina Wendtorf" wurden zwei Jahre lang pro Saison neun Lehrgänge von Juni bis Oktober angeboten, in denen sich bewährte Spitzentrainer und Spitzenkräfte des Volleyballsports das Ziel setzten, den Kursusteilnehmern in der Weiterbildung ihrer spielerischen Fähigkeiten individuell behilflich zu sein. Für jeden Teilnehmer, vom Anfänger bis zum Meisterspieler, gab es passende Trainingsgruppen.

Wie schon in den vorangegangenen Kapiteln mehrfach erwähnt, lassen sich natürlich für das Freizeit-Volleyballspiel alle Regeln, Maße und Bestimmungen, die in

diesem Abschnitt und den folgenden angesprochen werden, nach Lust und Laune abändern. Hier handelt es sich nun um Auszüge aus den offiziellen Regeln des Internationalen Volleyball-Verbandes (FIVB). Nach und nach werden auch die Freizeitspieler gewiß immer mehr diese Regeln übernehmen, weil sich die meisten Bestimmungen in der Entwicklungszeit des Volleyballs als sinnvoll und spielfördernd erwiesen haben. Letztlich wird auch unter Freizeitsportlern nur zu gerne auch mal „ein Spielchen“ gewagt, das heißt, man möchte die Punkte zählen und damit auch schlichtweg gewinnen. Hierzu bedarf es dann gewisser Spielregeln, um möglichst keine Streitigkeiten aufkommen zu lassen. Das ist im Volleyball nicht anders als beim Skat oder Räuber-und-Gendarm-Spiel.

Der Spielgedanke

Volleyball ist eines der wenigen Mannschaftsspiele, in dem es kein Tor, Mal oder Korb gibt, das heißt, der Weg des Balles wird nicht durch ein im Vergleich zum Spielfeld recht kleines Ziel immer wieder in dieselben Richtungen gezwungen. Vielmehr ist jede der beiden durch ein Netz voneinander getrennten Spielfeldhälften eine Art Ziel. Der Ball soll so gespielt werden, daß er im gegnerischen Feld den Boden berührt. Das ist ähnlich wie im Badminton (Federball), das ebenfalls als Flugballspiel (Volley) bezeichnet werden könnte, nur daß dort ein Schläger zur Hilfe genommen wird.

Ebenso wie beim Tennis, Tischtennis oder Federball wird beim Volleyball das Spiel mit dem Aufschlag begonnen. Danach soll der Ball dann so von der anderen Mannschaft gespielt werden, daß er spätestens nach der dritten Berührung wieder über das Netz zurückfliegt, ohne vorher auf den Boden geprallt zu sein. Kein Spieler darf den Ball fangen, halten oder führen, sondern nur ganz kurz „kontakten“. Außerdem darf kein Spieler den Ball zweimal hintereinander berühren. (Auf eine Ausnahme in dieser Regel gehen wir später ein). Ein Spieler kann jedoch den ersten und dritten Kontakt ausführen. Das ist nichts anderes als das, was die Fußballspieler den Doppelpaß nennen: Spieler A paßt zu Spieler B und der wieder zurück zu Spieler A.

Jede Mannschaft hat also das Ziel, nach höchstens drei Kontakten den Ball so über das Netz zu spielen, daß das gegnerische Team innerhalb des Spielfeldes den Ball entweder überhaupt nicht mehr erreicht oder ihn nicht mehr regelgerecht zurückspielen kann.

5

3

9
NIPPON
6
NIPPON
8

8
3

Das Spielfeld

Das Spielfeld mißt achtzehn Meter in der Länge, neun Meter in der Breite und ist durch eine Mittellinie in zwei Hälften geteilt. Jede Mannschaft hat also ein neun mal neun Meter großes Quadrat zu verteidigen.

Parallel zur Mittellinie werden in beiden Spielfeldhälften im Abstand von drei Me-

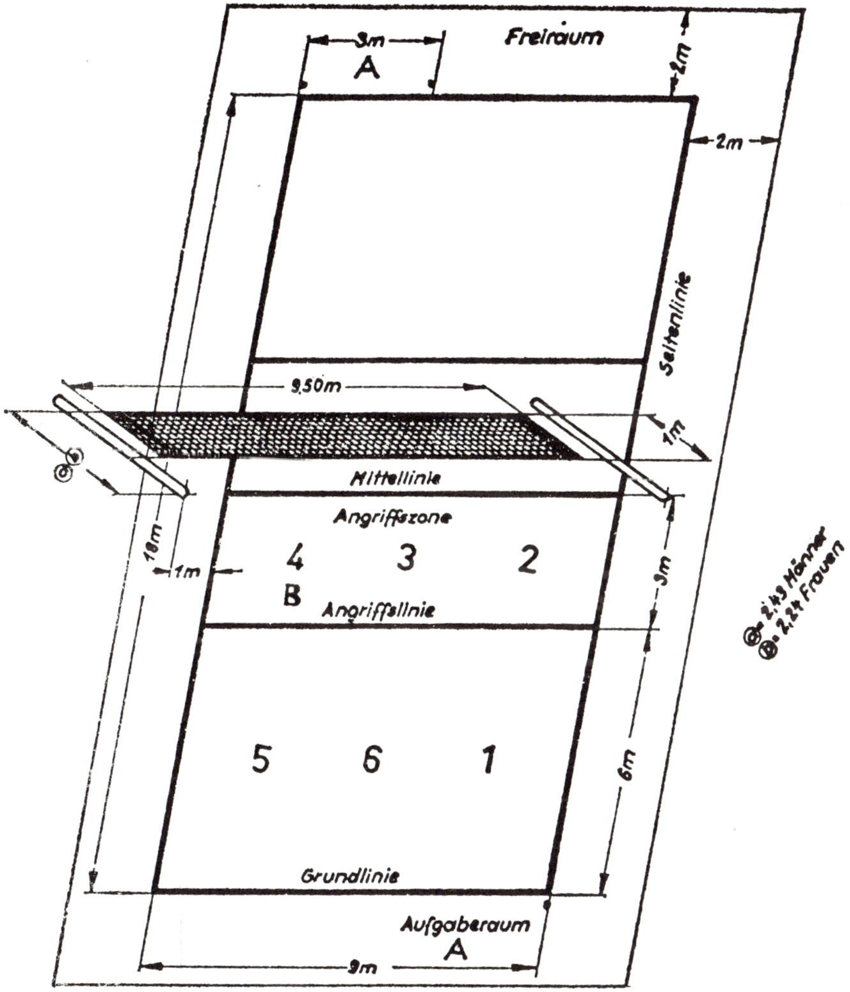

tern zwei weitere Linien gezogen, die sogenannten Angriffslinien. Der Raum zwischen den Angriffslinien und der Mittellinie wird Angriffszone (drei mal neun Meter) genannt. Die Angriffszone nimmt ein Drittel jeder Spielfeldhälfte ein, läßt sich also in gewissem Maße mit dem Angriffsdrittel bei Eishockey vergleichen.

Jeweils auf der rechten Seite (in Spielrichtung gesehen) der Grundlinien befindet sich der sogenannte Aufschlagraum. Er ist drei Meter breit und unbegrenzt tief. Bei internationalen Spielen soll der aufschlagende Spieler mindestens acht Meter hinter der Grundlinie Platz haben.

Da der Ball auch außerhalb der Begrenzungslinien gespielt werden darf, ist es wichtig, nach allen Seiten ähnlich wie beim Tennis einen gewissen Freiraum zu haben, in dem kein Hindernis den Flug des Balles und den Lauf der Spieler aufhalten kann. Für nationale Spiele sind mindestens zwei Meter, bei internationalen fünf Meter Freiraum hinter den Seitenlinien vorgeschrieben.

Auch die „Lufthoheit" unterliegt gewissen Vorschriften. Das geht von mindestens fünf Meter freiem Luftraum über dem Spielfeld bei nationalen Spielen bis zu 12,50 Meter bei internationalen Meisterschaften. Und außerdem schreiben die gestrengen Herren aus den Regelkommissionen auch noch die Breite sämtlicher Spielfeldlinien vor, nämlich fünf Zentimeter.

Der Ball

Längst hat auch der Laie gemerkt, daß im Volleyball mit weißen Bällen gespielt wird. Doch die internationalen Regeln schreiben lediglich einen einfarbigen Ball vor, der in der Halle eine helle Farbe haben soll. Also wären laut Regelwerk auch gelbe oder hellrote Bälle möglich. Aber „kugelförmig" (Regel 3) muß er sein. (Das hatte vor vielen Jahren schon der ehemalige Fußball-Bundestrainer Sepp Herberger ähnlich erkannt und war berühmt damit geworden: „Der Ball ist rund").

Der mit weichem Leder umspannte Volleyball soll 260 bis 280 Gramm wiegen und einen Umfang von 65 bis 67 Zentimetern haben. Und wer dem Ball quasi auf den Zahn fühlen möchte, das heißt, den Luftdruck überprüfen will, dem sei gesagt: 0,48–0,52 Kilogramm pro Quadratzentimeter.

Die Mannschaften

Eine Mannschaft besteht aus sechs Spielern und bis zu sechs Auswechselspielern. Mit weniger als sechs Spielern darf nicht gespielt werden. Das Tragen von Rücken und Brustnummern (15 Zentimeter hoch, Streifenbreite 2 Zentimeter) ist Pflicht. Als Spielnummern sind die Ziffern 1 bis 99 zugelassen, üblich sind die Ziffern 1 bis 12.

Der Kapitän soll zusätzlich auf der linken Brustseite einen Streifen (8 mal 1,5 Zentimeter) tragen. Der Kapitän ist der einzige Spieler, der einen Kampfrichter während einer Spielunterbrechung ansprechen darf.

Der Trainer einer Mannschaft entscheidet über Spielerwechsel und Auszeiten. Nur in diesen Auszeiten darf er mit seinen Spielern reden und Anweisungen geben.

Das Netz

An der Höhe des Netzes scheiden sich die Geschlechter: 2,43 Meter sind international für alle Männermannschaften ab 19 Jahren und 2,35 Meter für alle Frauenmannschaften ab 19 Jahren vorgeschrieben. 2,43 Meter, das ist so etwa die Höhe, die ein Mann mit der Größe von 1,80 Meter mit den Fingerspitzen erreichen kann, wenn er sich auf die Zehenspitzen stellt.

Im Bereich des Deutschen Volleyball-Verbandes gelten folgende Höhen:

Männer		2,43 m
Männliche Jugend A	(16–18)	2,43 m
Männliche Jugend B	(14–16)	2,24 m
Schüler	(bis 14)	2,24 m
Frauen		2,35 m
Weibliche Jugend A		2,24 m
Weibliche Jugend B		2,20 m
Schülerinnen		2,15 m

Das Netz selbst soll 9,50 Meter lang und einen Meter breit sein. Und auch das, was ein gutes Netz gemeinhin ausmacht, die Maschen nämlich, unterliegen der Vorschrift des Verbandes: Quadrate von zehn mal zehn Zentimeter. Die Netzoberkante, an der sich schon oft genug Wohl und Wehe im Kampf um Medaillen entschieden hat, wird durch einen fünf Zentimeter breiten, doppelt gelegten weißen Leinenstreifen gebildet. Gehalten wird das ganze von einem Stahlseil, das zwischen den beiden Netzpfosten, die wiederum einen halben Meter von den Seitenlinien entfernt sein sollen, straff gespannt wird, so daß die Netzoberkante nicht durchhängt.

Dort, wo auf dem Boden die Seitenlinien verlaufen, soll auch das Netz durch zwei senkrechte weiße Seitenstreifen gekennzeichnet sein. Parallel zu den beiden Seitenstreifen, um zwanzig Zentimeter nach außen versetzt, sind die flexiblen Netzbegrenzungsstäbe (auch Antennen genannt) angebracht. Die Stäbe (ein Zentimeter Durchmesser) sollen sich achtzig Zentimeter über die Netzoberkante recken. Zwischen den beiden Antennen (bzw. ihrer gedachten Verlängerung nach oben) muß der Ball das Netz überfliegen. Wie richtige Antennenmasten auch sollen die Stäbchen in kontrastierenden Farben angemalt werden, in der Regel sind sie rot-weiß gestreift.

Aufstellung der Spieler

Man unterscheidet zwischen „Netz- oder Angriffsspielern" sowie „Grund- oder Abwehrspielern". Die Netzspieler stehen auf den Positionen II, III und IV, die Grundspieler auf den Positionen I, VI und V.

Im Moment des Aufschlags sind alle Spieler an ihre Positionen gebunden, das heißt, ein Grundspieler darf nicht vor oder auf gleicher Höhe wie ein Netzspieler stehen. Sobald der Ball von dem Aufgeber geschlagen ist, können die Spieler ihre Positionen beliebig wechseln.

Nach jedem Gewinn des Aufschlagrechts wechselt die aufschlagende Mannschaft um eine Position im Uhrzeigersinn. Offiziell heißt das Rotation. In der Praxis: I wechselt auf VI, VI wechselt auf V, V wechselt auf IV (wird also vom Grund- zum Netzspieler), IV wechselt

auf III, III wechselt auf II, II wechselt auf I (wird also vom Netz- zum Grundspieler und führt den Aufschlag aus).
Ein Grundspieler darf keinen Ball aus der Angriffszone über das Netz spielen, wenn sich der Ball im vollen Umfang oberhalb der Netzkante befindet. Beim Schlagen eines Balles über Netzhöhe darf ein Grundspieler allerdings in der Angriffszone landen, wenn er außerhalb abgesprungen ist.

Spielerwechsel

Die ersten sechs Spieler, die einen Satz beginnen, gelten als Stammspieler, der „Rest“ als Auswechselspieler. Ein Stammspieler kann während eines Satzes einmal durch irgendeinen Auswechselspieler ersetzt werden. Bei diesem Wechsel ist der Umtausch nicht ausgeschlossen, das heißt, der ausgewechselte Stammspieler kann während desselben Satzes wieder eingewechselt werden, aber nur gegen den für ihn zuvor eingewechselten Auswechselspieler. Zur Vereinfachung: A kann gegen B getauscht werden und dann wieder B gegen A. Danach dürfen diese beiden Spieler während desselben Satzes weder ein- noch ausgewechselt werden.
Lediglich bei Verletzung eines Spielers kann diese Regel aufgehoben werden, wenn ein regelgerechter Spielerwechsel nicht mehr möglich sein sollte. Dann darf ein beliebiger Spieler eingesetzt werden, um die Mannschaft zu komplettieren.
Eine Mannschaft kann pro Satz bis zu sechs Auswechslungen vornehmen.

Bekleidung und Ausrüstung

Eine Badehose tut's natürlich am Strand. Bei Punktspielen freilich gibt es auch hier bestimmte Vorschriften. So heißt es offiziell, daß jede Mannschaft in „ordentlicher und einheitlicher Sportbekleidung auf dem Spielfeld antreten" muß. Bei kalter Witterung allerdings erlaubt der Volleyball-Knigge auch „einheitliche, numerierte Trainingsanzüge."

Die Schiedsrichter sollen den Spielern sogar genau auf die Finger gucken, nicht nur während des Spiels, sondern schon vorher. Ringe oder Uhren zählen nämlich zu den Gegenständen, die Verletzungen verursachen können und deshalb nicht getragen werden dürfen. Auch Hut oder Mütze sind offiziell verpönt. („Kopfbedeckungen dürfen nicht getragen werden.") Und neben „Trikot und Sporthose" trägt der Volleyballspieler von Welt „leichte, biegsame, absatzlose Schuhe aus Gummi oder Leder."

Die Kampfrichter

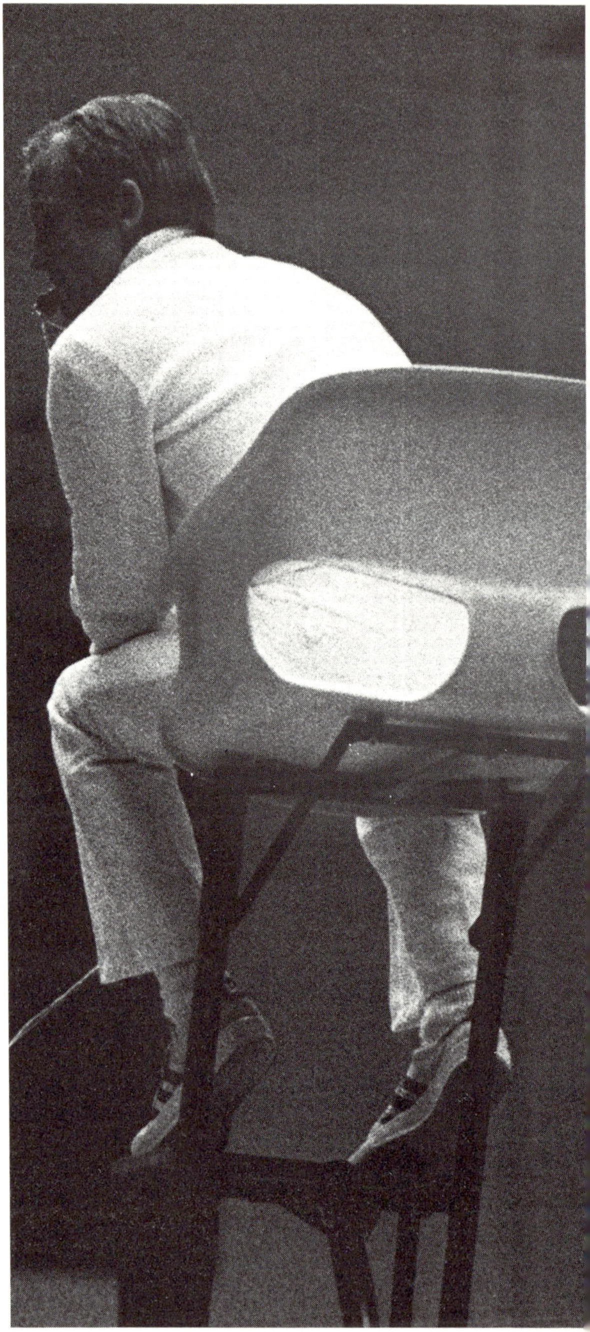

Kein anderes Mannschaftsspiel benötigt soviele Kampfrichter wie Volleyball. Das ist angesichts der weitaus größeren Ausmaße eines Fußballfeldes, der Schnelligkeit und Rauhbeinigkeit im Eishockey oder Unübersichtlichkeit beim Hallenhandball reichlich verblüffend. Schließlich ist das Volleyballfeld (zumal vom hohen Schiedsrichterstuhl aus) sehr gut überschaubar und Fouls im üblichen Sinne gibt es ja nicht. Dennoch wird bei internationalen und allen wichtigen nationalen Wettbewerben die Zahl der Spieler pro Mannschaft (sechs) von der Zahl der Kampfrichter (sieben) übertroffen.
Die Hüter der Volleyball-Ordnung sind:
Erster Schiedsrichter
Zweiter Schiedsrichter
ein Anschreiber und
vier Linienrichter
Und das alles möglichst von Kopf bis Fuß in weiß gekleidet.

Der erste Schiedsrichter . . .

. . . gilt quasi als der große Vorsitzende des gesamten Kampfgerichts, ihm unterstehen alle Kampfrichter. Allein seine Entscheidungen sind unanfechtbar; dagegen kann er Entscheidungen anderer Kampfrichter aufheben und korrigieren.

Er sieht auch alles aus einer höheren Sicht; seine Augen sollen sich laut Regel etwa einen halben Meter über der Netzoberkante befinden. Der Mann auf dem Schiedsrichterstuhl (ähnlich wie beim Tennis) gibt mit seiner Pfeife in jedem Fall den Ton an. Mit international festgelegten Hand- und Armzeichen (siehe die Skizzen auf den Seiten 146 ff.) soll er die Entscheidungen verdeutlichen.
Auch im Volleyball gibt es großzügige und kleinliche Schiedsrichter. Grundsätzlich sollen bei der Ballberührung nur solche Fehler gepfiffen werden, die tatsächlich eindeutige Verstöße gegen die Regeln darstellen. In Zweifelsfällen gilt auch hier der bewährte Rechtsgrundsatz „in dubio pro reo" (im Zweifelsfall für den Angeklagten). In einer Anmerkung der „Internationalen Volleyball-Spielregeln" (14. Auflage, Verlag Karl Hofmann, Schorndorf) heißt es dazu: „Es wird dringend darauf hingewiesen, daß der Schiedsrichter keine Fehler suchen soll und nur einwandfrei erkannte Fehler bei der Ballberührung pfeifen darf. Zu strenge Beurteilung schadet dem Spiel."

Der zweite Schiedsrichter . . .

. . . befindet sich als Gehilfe des ersten Schiedsrichters auf der anderen Seite des Spielfeldes links oder rechts neben dem Netzpfosten. Er zeigt alle Fehler an, die der erste Schiedsrichter nicht sehen kann und pfeift nur solche Fehler ab, die in sein direktes Aufgabengebiet fallen: Übertreten der Mittellinie, Fehler an den Angriffslinien, Netzfehler (sofern sie nicht die Netzoberkante betreffen), Fehler in der Rotationsordnung der auf-

schlagenden Mannschaft, Berührung des Balles mit der Antenne auf seiner Seite sowie Überquerung des Balles oberhalb oder außerhalb der Antenne. Außerdem ist er zuständig für die Zeitnahme bei Auszeiten, Überwachung der Spielerwechsel und des Verhaltens der Personen auf den Auswechselbänken, Verwahrung des Balles bei Pausen.

Der Anschreiber . . .

. . . befindet sich auf derselben Seite des Spielfeldes wie der zweite Schiedsrichter in Höhe der Mittellinie. An seinem Tisch führt er den Spielberichtsbogen, in den er vor Spielbeginn alle Spielernamen einträgt. Während des Spiels führt er Kartei über die erzielten Punkte sowie über die Anträge auf Auszeiten und Spielerwechsel. Außerdem trägt er die Rotationsordnung der beiden Mannschaften ein und überwacht die richtige Reihenfolge beim Aufschlagen.

Die Linienrichter . . .

. . . haben darüber zu entscheiden, ob ein Ball „aus" oder „in" war. An den Spielfeldecken überwachen sie die Seiten- und Grundlinien. War der Ball „aus", sollen sie die Fahne heben, war der Ball „in" wird die Fahne gesenkt. Die Spielfeldlinien zählen dabei noch zum Spielfeld. Berührt ein Ball die Linie, gilt er also noch als „in". Mit dem Schwenken ihrer Fahne haben die Linienrichter zudem die Möglichkeit, den Schiedsrichter auf andere Fehler hinzuweisen, wie etwa Fehler beim Aufschlag, Netzüberquerung des Balles außerhalb der Antennen oder Ballberührung durch Blockspieler.

Die Spieldauer und -wertung

Sieger eines Spiels ist die Mannschaft, die drei Sätze gewonnen hat. Ein Satz ist entschieden, wenn eine Mannschaft 15 Punkte erreicht hat und das andere Team mindestens zwei Punkte zurückliegt (also von 15 : 0 bis 15 : 13). Bei 14 : 14 wird so lange weitergespielt, bis eine Mannschaft mindestens zwei Punkte Vorsprung hat (also 16 : 14 oder 17 : 15, 18 : 16, 19 : 17 und so weiter). Das ist dieselbe Regelung wie im Tennis oder Tischtennis.

Nach jedem Satz werden die Seiten gewechselt. In einem fünften Satz werden noch einmal zusätzlich die Seiten gewechselt, wenn die führende Mannschaft acht Punkte erreicht hat. Jeder Satzwechsel ist mit zwei Minuten Pause verbunden. Vor dem fünften Satz wird die Pause auf fünf Minuten ausgedehnt.

Jedes Team kann pro Satz bis zu zwei Auszeiten (maximal dreißig Sekunden Dauer) zur Beratung und Erholung nehmen.

Punkte kann nur die Mannschaft erzielen, die das Aufschlagrecht hat. Macht die aufschlagende Mannschaft einen Fehler, wechselt das Aufschlagrecht zum Gegner.

Das Aufschlagrecht wird vor dem ersten und dem fünften Satz ausgelost. Vor dem zweiten, dritten und vierten Satz wechselt das Aufgaberecht immer zu der Mannschaft, die im Satz zuvor nicht mit dem Aufschlagrecht beginnen durfte.

Die Spielregeln

Der Aufschlag

Das Spiel beginnt mit dem Aufschlag, ausgeführt vom rechten Grundspieler (Position I). Der Spieler muß dabei im Aufschlagraum stehen, den Ball hochwerfen und ihn mit offener oder geschlossener Hand oder mit dem Arm über das Netz schlagen. Der Aufschlag darf erst nach dem Pfiff des Schiedsrichters erfolgen. Fünf Sekunden hat der Spieler Zeit. Läßt der Spieler den hochgeworfenen Ball ohne jede weitere Berührung zu Boden fallen, gilt der Aufschlag als noch nicht ausgeführt und der Spieler darf ein zweitesmal den Ball zum Aufschlag hochwerfen, sofern die Zeit von fünf Sekunden noch nicht abgelaufen ist. Der Aufschlag kann aus dem Stand, Lauf oder Sprung erfolgen. Unmittelbar nach dem Abschlag darf der Spieler das Feld betreten. Er schlägt so lange auf, bis seine Mannschaft einen Fehler macht und damit das Aufgaberecht verliert.
Ein Aufschlag ist dann gültig, wenn der korrekt abgeschlagene Ball das Netz innerhalb der Antennen überquert, weder Netz noch Antennen streift, von keinem Spieler der eigenen Mannschaft berührt wird, nicht außerhalb des gegnerischen Feldes landet und innerhalb von fünf Sekunden ausgeführt ist. Ist die korrekte Reihenfolge der aufschlagenden Spieler nicht eingehalten worden, wird ebenfalls auf Aufschlagfehler erkannt und der Gegner erhält das Aufschlagrecht. Der sogenannte Sichtblock bei der Aufgabe ist verboten. Spieler der eigenen Mannschaft dürfen den Aufgeber nicht bewußt verdecken oder den Gegner durch Bewegungen (Hochspringen oder Armekreisen) irritieren. Bei einem Sichtblock wird die betroffene Mannschaft zunächst ermahnt und verwarnt, bevor auf einen Fehler entschieden wird.

Aufschlagwechsel

Eine Mannschaft verliert das Aufschlagrecht, wenn sie einen Fehler gemacht hat oder der Schiedsrichter wegen irgendeinen Vergehens auf Aufschlagwechsel entschieden hat. Die Mannschaft, die das Aufschlagrecht nun erhält, wechselt ihre Aufstellung um eine Position im Uhrzeigersinn.

Ballberührung

Jede Mannschaft darf den Ball höchstens dreimal berühren, bevor er über das Netz gespielt wird. Der Ball darf dabei mit allen Körperteilen oberhalb (und

einschließlich) der Gürtellinie gespielt werden. Der Ball darf mit mehreren Körperteilen gleichzeitig berührt werden, wenn er dabei ohne Verzögerung weitergespielt wird.
Der Ball darf stets nur einen ganz kurzen Kontakt mit dem Spieler haben, also den Bruchteil einer Sekunde. Alles andere wird als „Halten" des Balles und damit als Fehler gewertet. Darunter versteht man Führen, Heben, Tragen oder Schieben des Balles.
Als Fehler gilt auch der sogenannte Doppelschlag. Dieser Fehler liegt vor, wenn ein Spieler hintereinander zweimal den Ball berührt.
Das Problem der korrekten Ballberührung stellt vor allem den ersten Schiedsrichter oft vor schwierige Entscheidungen. Nicht selten kann er nur durch sein Gehör bestimmen, ob ein Ball richtig gespielt worden ist. Sein Ermessensspielraum ist dabei recht groß. Grundsätzlich soll er, wie bereits erwähnt, nur bei eindeutigen Regelverstößen auf Fehler entscheiden. Vor allem bei der Annahme

von sehr scharf geschlagenen Bällen sollen dem abwehrenden Spieler gewisse „mildernde Umstände" zuerkannt werden, weil ein völlig korrektes Spielen des Balles in extremen Situationen oft gar nicht möglich ist. Auch der Schiedsrichter braucht in solchen Fällen ein ganz bestimmtes Fingerspitzengefühl.
Die Gefahren der Manipulation von Spielausgängen durch Schiedsrichterentscheidungen sind in der Frage der korrekten Ballberührung wohl am größten. Wichtig vor allem ist, daß der Schiedsrichter in einem Spiel stets den gleichen Bewertungsmaßstab anlegt. In unteren Klassen soll dabei auf das geringere Spielniveau Rücksicht genommen werden, das heißt, bei technisch schwächeren Spielern kann noch gutgeheißen werden, was bei besseren Spielern stets abgepfiffen würde.

Der Springball

Was im Fußball Preßschlag genannt wird, heißt im Volleyball Springball: Zwei

Spieler berühren gleichzeitig den Ball. Als „Tatort“ kann dafür der Luftraum oberhalb des Netzes in Frage kommen. Ein Springball wird dabei für keinen Beteiligten als Schlag gezählt. Die Berührung desjenigen Spielers, von dem der Ball auf die andere Seite des Netzes fliegt, wird als letzte Berührung gewertet. Das bedeutet:

1. Nach einem Springball kann der Ball noch dreimal gespielt werden, wobei auch der am Springball beteiligte Spieler den ersten Schlag ausüben darf. (Der zweifache Kontakt wird also nicht als Doppelschlag und damit als Fehler gewertet.)
2. Fällt der Ball nach einem Springball im Feld zu Boden, so gilt das für die Mannschaft in diesem Feld als Fehler.
3. Fällt der Ball nach einem Springball außerhalb des Feldes zu Boden, so wird auf Fehler für die Mannschaft auf der anderen Seite des Netzes erkannt.

Der Doppelfehler

Wenn Spieler beider Mannschaften gleichzeitig einen Fehler machen, so wird auf Doppelfehler entschieden, der Punkt nicht gewertet und der Aufschlag wiederholt. Wenn bei einem Springball der Ball von beiden Spielern gehalten wird, liegt ebenfalls ein Doppelfehler vor.

Das Zweierspiel

Zwei Spieler einer Mannschaft dürfen durchaus gleichzeitig den Ball berühren, doch zählt dann auch die gleichzeitige Berührung als zwei Schläge. Beim Spielen des Balles darf ein Spieler andere Mitspieler seiner Mannschaft berühren, stoßen oder anspringen. Er darf sich allerdings nicht aufstützen oder heben lassen, um den Ball zu spielen. Andererseits kann ein Spieler von seinen Mitspielern zurückgehalten oder angerufen werden, um einen Fehler zu verhindern.

Der Block

Die „Blockbildung" im Volleyball dient der Abwehr von Bällen oberhalb der Netzkante. Vor allem gegen Schmetterbälle ist der Block (Hochspringen am Netz mit ausgestreckten Armen) die beste Abwehrmethode. Auch Aufschläge können durch Blockbildung abgewehrt werden; in der Praxis freilich kommt das kaum vor.
Nur Netzspieler dürfen den Block bilden. Das bedeutet, daß an einem Blockversuch mindestens einer und höchstens drei Spieler beteiligt sind. Der Blockversuch eines Grundspielers ist nicht strafbar, wenn er den Ball nicht berührt. Ein am Block beteiligter Spieler darf unmittelbar nach einer Ballberührung während des Abblockens den Ball erneut berühren. Die Berührung oder Berührungen des Balls durch den Block zählen grundsätzlich nicht als Schlag. Die verteidigende Mannschaft kann also nach dem Block noch drei Schläge ausführen. (Diese Regel gilt erst seit den Olympischen Spielen 1976 in Montreal).
Berührt der Ball beim Block einen Spieler an mehreren Körperteilen hintereinander oder auch mehrere am Block beteiligte Spieler hintereinander, so zählt dies alles nur als eine Berührung. Die Blockspieler müssen dicht nebeneinander plaziert sein, um als Block angesehen zu werden.
Blockspieler dürfen mit den Händen oder Armen über das Netz reichen, um einen Angriffsschlag abzuwehren. Die Blockspieler dürfen aber nicht jenseits der Netzkante eine Angriffsaktion des Gegners nach der ersten oder zweiten Ballberührung unterbrechen. Der Block hat also rein defensiv zu sein und darf erst dann den Ball berühren, wenn der Ball die Hand des Angreifers verlassen hat. Kommt es zwischen Angreifer und dem über das Netz reichenden Block zu einem beiderseits gehaltenen Ball, dann wird auf Fehler gegen den Block entschieden, weil der Ball nicht nach dem

Angreifer, sondern gleichzeitig mit ihm berührt wurde. Nur genau oberhalb der Netzkante wäre dies ein regelgerechter Springball.
Ein Ball, der nach einer Berührung durch den Block auf der Seite der verteidigenden Mannschaft auf den Boden fällt (innerhalb oder außerhalb des Feldes), bringt der angreifenden Mannschaft einen Punkt. Ein Ball, der nach der Berührung durch den Block auf der Seite der angreifenden Mannschaft ins Aus fällt, bringt ebenfalls der angreifenden Mannschaft einen Punkt. Lediglich wenn der Ball nach der Blockberührung im Feld der angreifenden Mannschaft aufprallt, wird auf Fehler für den Angreifer entschieden.
Nach einer erfolgreichen Abwehr durch den Block (der Ball prallt zurück) hat die angreifende Mannschaft erneut das Recht auf drei Ballberührungen. Wenn der Ball nach einer Berührung der Netzoberkante und des Blocks zurückspringt, gilt dies ebenfalls, selbst wenn die Netzkante das Zurückspringen auch alleine verursacht hätte. Dabei zählt allein, ob der Block den Ball noch zusätzlich berührt hat oder nicht. Nur wenn der Block den Ball nicht berührt hat, zählt das Zurückspringen des Balles von der Netzoberkante als Fehler für die angreifende Mannschaft, falls die nachfolgende Ballberührung die vierte wird oder der Ball den Boden berührt.

Netz und Mittellinie im Spiel

Kein Spieler darf das Netz oder die Antennen berühren. Drückt der Ball das Netz gegen einen Spieler, so gilt dies nicht als strafbare Netzberührung. Berühren zwei Spieler gleichzeitig das Netz, so wird auf Doppelfehler entschieden, kein Punkt gewertet und der Aufschlag wiederholt.

Der Ball darf während des Spiels das Netz berühren. Nur beim Aufschlag wird eine Netzberührung als Fehler gewertet. Der Ball muß in seinem gesamten Umfang das Netz innerhalb der beiden Antennen (bzw. ihrer gedachten Verlängerung nach oben) überqueren.
Das Übergreifen über das Netz ist dem Block unter bestimmten Bedingungen erlaubt. Ansonsten darf jeder Spieler nach dem Abspiel, wenn also der Ball die Hand bereits verlassen hat, über das Netz reichen, sofern er es dabei nicht berührt.
Das Feld des Gegners darf grundsätzlich während des Spiels nicht betreten oder berührt werden. Erlaubt ist lediglich das Betreten mit dem Fuß (beiden Füßen), wenn der Fuß (beide Füße) noch Berührung mit der Mittellinie hat oder sich im Moment der Berührung unmittelbar darüber befindet.
Wenn ein Spieler in der Luft mit irgendwelchen Körperteilen über die Mittellinie gelangt, ist dies kein Fehler, sofern der Gegner nicht behindert wird. Der seitliche Freiraum auf der Seite des Gegners darf betreten oder berührt werden, sofern wiederum keine Behinderung des Gegners entsteht.

Ausball – Toter Ball

Wenn der Ball außerhalb der Spielfeldlinien den Boden, die Decke, die Wände

oder irgendwelche Gegenstände (Bänke, Tische usw.) oder Personen (Zuschauer, Kampfrichter) berührt, wird auf Ausball entschieden. Wenn die Spielfeldlinien noch berührt werden, gilt der Ball als „in". Der Ball ist „tot", nachdem der Schiedsrichter das Spiel durch einen Pfiff unterbrochen hat. Nur bei „Toter Ball" können Spielerwechsel oder Auszeiten vorgenommen werden.

Punktgewinn oder Aufschlagwechsel

Die Liste der Fehler, die zu einem Punktgewinn für die aufschlagende Mannschaft oder aber zum Aufschlagwechsel führen können, hat eine beträchtliche Länge. Selbst im offiziellen internationalen Regelwerk gibt es keine Aufzählung aller möglichen Fehler mit dem Anspruch auf Vollständigkeit. Als die in der Regel am häufigsten vorkommenden Fehler werden aufgezählt:

1. Der Ball berührt den Boden, fliegt ins Netz oder unter dem Netz hindurch.
2. Eine Mannschaft spielt den Ball mehr als dreimal hintereinander.
3. Der Ball wird gehalten oder geführt.
4. Der Ball berührt einen Spieler zweimal hintereinander. (Ausnahme: Die erste Ballberührung wurde von dem betreffenden Spieler beim Block vorgenommen.)

5. Der Ball berührt einen Spieler unterhalb der Gürtellinie.
6. Eine Mannschaft begeht im Augenblick des Aufschlags einen Aufstellungsfehler.
7. Ein Spieler berührt das Netz oder die Antennenstäbe. (Die Spannseile des Netzes oder die Netzpfosten dürfen berührt werden, sofern das nicht absichtlich geschieht, um der eigenen Mannschaft einen Vorteil zu verschaffen.)
8. Ein Spieler überschreitet vollständig die Mittellinie. (Das Betreten der Mittellinie ist erlaubt, sofern ein Teil des Fußes die Linie noch berührt. Auch in der Luft darf die Mittellinie überschritten werden, sofern keiner dabei behindert wird.)
9. Ein Spieler spielt den Ball über dem Feld des Gegners. (Das Übergreifen über das Netz ist jedoch bei der Blockabwehr erlaubt, sofern der Ball nicht vor dem Angreifer berührt wird.)
10. Ein Grunspieler spielt den Ball regelwidrig aus der Angriffszone (Ball oberhalb der Netzkante) in das Feld des Gegners.
11. Der Ball berührt beim Aufschlag das Netz oder die Antennenstäbe oder fliegt nicht vollständig innerhalb der gedachten Verlängerung der beiden Antennenstäbe über das Netz. Während des Spiels darf der Ball das Netz berühren, nicht aber die Antennenstäbe.
12. Der Ball fällt ins „Aus“ oder berührt

einen Gegenstand außerhalb des Spielfeldes (z. B. auch die Hallendecke).

13. Ein Spieler stützt sich auf einen Mitspieler, um den Ball zu spielen.

14. Ein Spieler reicht unter dem Netz hindurch und berührt den Ball oder einen Gegenspieler.

15. Ein Spieler wird regelwidrig ausgewechselt.

16. Wenn zwei Spieler einen Fehler begehen, so darf nur der erste Regelverstoß gewertet werden. Haben zwei Spieler ihre Fehler zur selben Zeit begangen, so wird auf Doppelfehler entschieden und der Aufschlag wiederholt.

17. Spieler einer Mannschaft versuchen durch trampeln, hin- und herspringen, schreien oder andere störende Maßnahmen die Gegenspieler abzulenken oder zu erschrecken. Auch darf dem Gegner nicht bewußt die Sicht auf den aufschlagenden Spieler genommen werden.

18. Ein Block wird nicht ausschließlich von Netzspielern gebildet.

19. Der Aufschlag wird nicht aus dem Aufschlagraum oder nicht in der zulässigen Zeit (fünf Sekunden) ausgeführt. Der aufschlagende Spieler betritt im Augenblick des Aufschlags das Spielfeld oder die Grundlinie.

20. Der Ball wird nach dem Aufschlag von einem Mitspieler berührt bevor er vom Gegner angenommen wurde.

Die Formel für mehr Sportspaß

Volleyball kann zweifellos als ein nahezu ideales Mannschaftsspiel für den Sportunterricht an Schulen bezeichnet werden. Doch es müssen nicht unbedingt Hochschulen sein. Im Gegenteil. Je früher ein Schüler das notwendige Fingerspitzengefühl für den leichten Volleyball erlernt, desto besser. Die Deutsche Volleyball-Jugend hat deshalb an alle Schulen eine Broschüre „Mini-Volleyball" verteilen lassen, um den Sportlehrern Unterrichtshilfen zu geben. Laut Spielwart Siegfried Wagner ist das Interesse an der „Kleinausgabe des Kampfspiels Volleyball" allerorten gewaltig gestiegen: „Wer beobachtet, welches Können schon acht- bis neunjährige Knirpse entwickeln, ist überzeugt, daß Minivolley d i e methodische Vorstufe des Volleyballspiels ist."

Zum Spielbeginn

Jeder Schüler drängt darauf, möglichst sofort zu spielen. Im Handball, Fußball oder Basketball ist dies in einfacher Form möglich. Mit Volleyball kann jedoch erst begonnen werden, wenn die Schüler den Ball kontrolliert spielen können. Der Weg zum Kampfspiel Volleyball führt über das elementare Techniktraining und das Kleinfeldspiel 3 gegen 3, das schon vom neunten Lebensjahr an gespielt werden kann.
Verschiedene Vorstufen, zum Beispiel die Spiele einer gegen einen und zwei gegen zwei, das Aufschlagspiel usw. sind möglich und führen zu guten Erfolgen. Andere beginnen nach eingehendem Techniktraining direkt mit dem Spiel drei gegen drei und erzielen ebenfalls gute Ergebnisse.
Welcher Weg auch bevorzugt wird, jedem Lehrer und Schüler muß klar sein: Erfolgreiches Spiel ist nur mit einer guten Technik möglich."

Mini-Volleyball

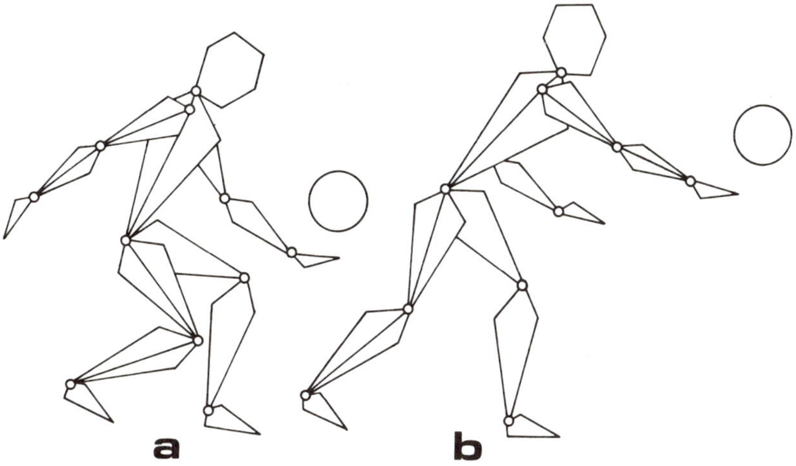

Aufgabe

Technik

a) Das dem Schlagarm entgegengesetzte Bein steht vorn – Ball senkrecht anwerfen, gleichzeitige Ausholbewegung des Schlagarmes.

b) Schlagen des Balles mit der gewölbten Hand hinten-unten mit anschließender ausklingender Bewegung nach vorn.

Vorschlag einer Lernreihe

1. Bewegungsablauf ohne Ball.
2. Aufgaben auf kurze Entfernung zum Partner schlagen (ab 5 m).
3. Untere Frontalaufgabe an die Wand.
4. Dto. über das Netz ins gegnerische Feld.
5. Paarweise. Schlagen von Aufgaben und Annahme des Balles.
6. Schlagen von Serien.
7. Schlagen nach vorhergehender Belastung.
8. Aufschläge auf Genauigkeit (z.B. Spielabschnitt kurz hinter dem Netz, Matte, Partner treffen usw.).
9. Wettbewerbe.

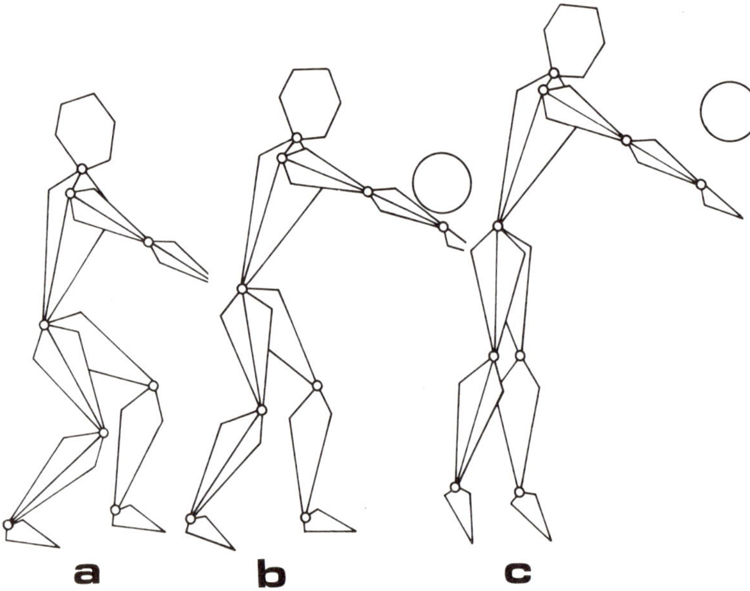

Bagger

Technik

a) Rechtzeitiges Heranlaufen – schnell in tiefe, halboffene Schrittstellung – Arme gestreckt, nach außen gedreht – Hände fixiert – Schultern vorgeschoben.

b) Streckung von den Beinen aus – Arme im Schultergelenk fixiert – Ball trifft auf die Unterarme.

c) Gewichtsverlagerung auf den vorderen Fuß – Streckung in Bewegungsrichtung bis in den Zehenstand.

Vorschlag einer Lernreihe

1. Bewegungsausführung ohne Ball.
2. Hochbaggern eines senkrecht fallenden Balles (Partner steht erhöht und läßt den Ball auf die Unterarme des Übenden fallen).
3. Baggern des vom Partner zugeworfenen Balles (anfangs geringer Abstand).
4. Zuwerfen – Selbsthochbaggern – Fangen – Zuwerfen usw..
5. Pausenloses Selbsthochbaggern.
6. Selbsthochbaggern und Zuspiel zum Partner.
7. Gegenseitiges Zubaggern.
8. Selbsthochbaggern und Zuspiel (selbst) – Selbsthochbaggern usw..
9. Pausenloses Baggern an die Wand.
10. Dto. bei seitlichen Nachstellschritten.
11. Baggern aus dem Netz zurückprallender Bälle.
12. Baggern von Bällen die als Täuschungen dicht am Netz gespielt sind.

Zuspiel

Technik

a) Rechtzeitiges Heranlaufen unter den Ball und Einnahme einer offenen Schrittstellung – Körpergewicht auf beide Beine verteilt – aufrechter Rumpf – angehobene und gebeugte Arme.

b) Treffen des Balles in Stirnhöhe, dabei schnelles Strecken der Arme und Beine.

c) Streckung in den Handgelenken elastische Bewegung der Finger und leichtes Nachführen der Hände in Flugrichtung des Balles.

Vorschlag einer Lernreihe

1. Ball vom Boden aufheben – Partner drückt gegen Ball (Kontrolle der Handhaltung).
2. Hochwerfen und Zuspiel zum Partner.
3. Selbst hintereinander hochspielen (geringe Höhe).
4. Zurückspielen des zugeworfenen Balles (anfangs ca. 2 m Abstand).
5. Dto. im Sitz.
6. Selbst hochspielen, danach zum Partner.
7. Zuspiel zum Partner mit Zwischenspiel.
8. Dto. direkt.
9. Dto. mit Zusatzaufgaben (nach dem Abspiel 1/1 Drehung, Boden berühren, zu einem Punkt laufen usw.).
10. Zuspiel mit Nachlaufen.
11. Zuspiel im Dreieck (Körper in Zuspielrichtung drehen).
12. Zuspiel auf Ziele.

Angriff

Technik

a) Anlauf (2,5 bis 3,5 m) mit Blick zum Ball – „Stemmen“ links in Ausholbewegung der Arme.

b) Schnelles Heranführen des linken Beines und Absprung mit unterstützender Schwungbewegung der Arme.

c) Ausholen mit Beugung im Kreuz, Schlagarm im Ellenbogen gebeugt.

d) Einleitende Schlagbewegung.

e) Schlagen des Balles im höchst möglichen Punkt unter gleichzeitigem

f) „Zusammenklappen“ des Körpers. Ball von oben treffen (Abb.).

g) Ausklingende Armbewegung und weiche Landung.

Vorschlag einer Lernreihe

1. Ball links selbst in Augenhöhe halten und langsame Schlagbewegung rechts.
2. Beidhändiges Anwerfen von unten (50 cm) und Schlagbewegung.
3. Prellschlagen zum Partner.
4. Frontaler Angriffsschlag des gehaltenen Balles (Partner) mit Anlauf.
5. Beidhändiger Wurf des Balles (auch Gewichtsbälle) über das Netz bei normalem Anlaufrhythmus.
6. Schlagen des hochgeworfenen Balles über das Netz.
7. Dto. Partner spielt zu.
8. Dto. den Partner anspielen, Schlagen des zurückgespielten Balles.
9. Schläge an die Wand im Stand.
10. Dto. im Sprung.

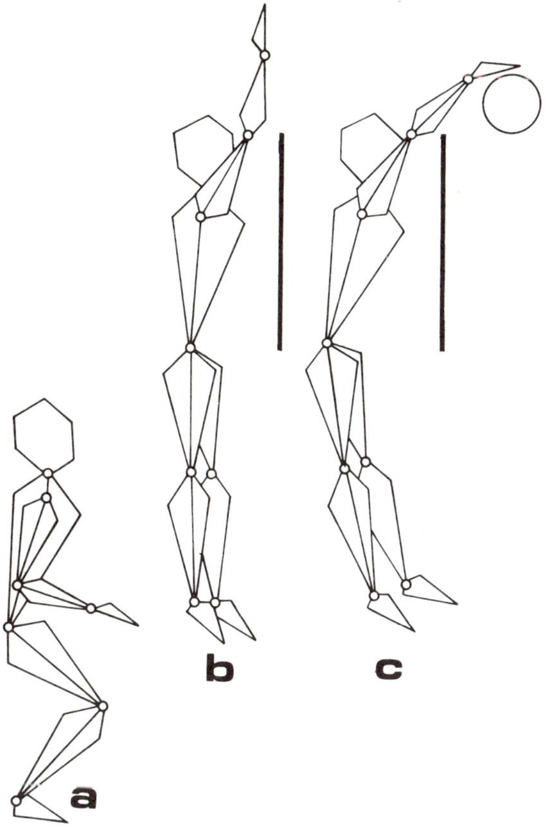

Block

Technik

a) Beidbeiniger Absprung mit Armeinsatz (der Blockierende springt nach dem Angreifer ab).

b) Vollkommene Streckung.

c) Hände auf der gegnerischen Seite dem Ball entgegenstrecken (Abb.)

Vorschlag einer Lernreihe

1. Partner gegenüberstehend – Sprung mit Berührung der Handflächen über dem Netz.
2. Dto., jedoch vorher Seitstellschritte (nicht kreuzen).
3. Wie 1./2., aber Ball über das Netz reichen.
4. Der Blockierende steht erhöht – Angriff auf seine Position.
5. Dto., aber normale Bedingungen für den blockierenden Spieler.
6. Blocktraining in Verbindung mit Angriffsübungen.
7. Dto., in Verbindung mit Sprungkraftübungen.

Regeln

Die Regeln für Mini-Volleyball wurden nach den Erfahrungen und wissenschaftlichen Arbeiten verschiedener Länder erarbeitet. Der Ausschuß für Mini-Volleyball des Trainerrats der F.I.V.B. empfiehlt allen nationalen Verbänden die Anwendung dieser Regeln. Diese Regeln gelten für Kinder bis zu 12 Jahren.*

* Stichtag im Bereich der DVJ ist der 1. Juli. Demnach ist für die Saison 1978/79 spielberechtigt, wer am 1. 7. 1966 oder später geboren wurde.

Zweck des Spiels

Zwei Mannschaften kämpfen um einen Ball, der über ein gespanntes Netz gespielt wird. Jede Mannschaft versucht, den Ball im Feld des Gegners auf den Boden zu bringen. Die gegnerische Mannschaft versucht sie hieran zu hindern.

Das Spielfeld

Das Spielfeld hat eine Breite von 4,5 m und eine Länge von 12 m. Die beiden Hälften des Spielfeldes sind durch ein Netz getrennt.

Die die Spielfläche anzeigenden Linien sind 5 cm breit. Die Mittellinie ist 10 cm breit.

Für den ersten und dritten Satz entscheidet das Los über die Zuteilung der Spielhälfte und der Aufgabe. Im dritten Satz wechseln die Mannschaften die Spielhälfte, wenn eine Mannschaft 8 Punkte erzielt hat; die Aufstellung auf dem Spielfeld und Spielstand bleiben unverändert.

Das Netz

Netzhöhe: 2,10 m für Mädchen und Jungen, Netzbreite 1 m, Maschenweite 10 cm.

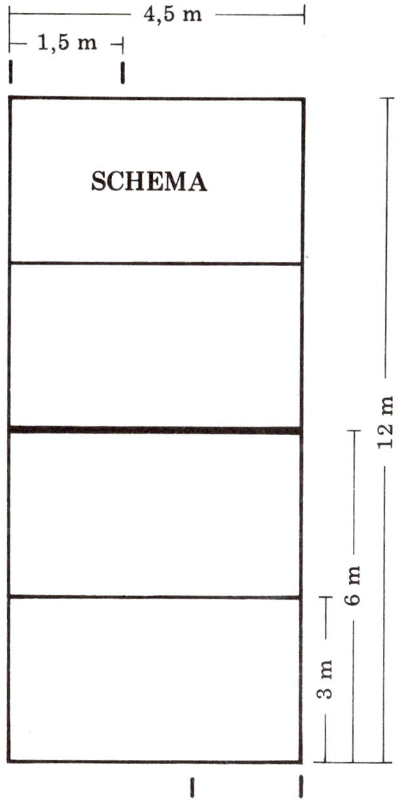

Ball

Der Ball entspricht voll und ganz den Regeln.

Die Mannschaften

Eine Mannschaft besteht aus drei Spielern und zwei Ersatzspielern. Die Spieler sollen möglichst die gleiche Spielkleidung tragen. Jede Mannschaft darf je Satz dreimal auswechseln. Ist eine Mannschaft nicht mehr vollzählig (weniger als drei Spieler), verliert sie das Spiel, behält jedoch die bis dahin gewonnenen Sätze und Punkte.

Aufstellung der Spieler

Die Spieler stellen sich in ihrer Hälfte in der Weise auf, daß bci der Aufgabe zwei „Netzspieler" und ein „Grundspieler" vorhanden sind. Der „Grundspieler" gibt auf.

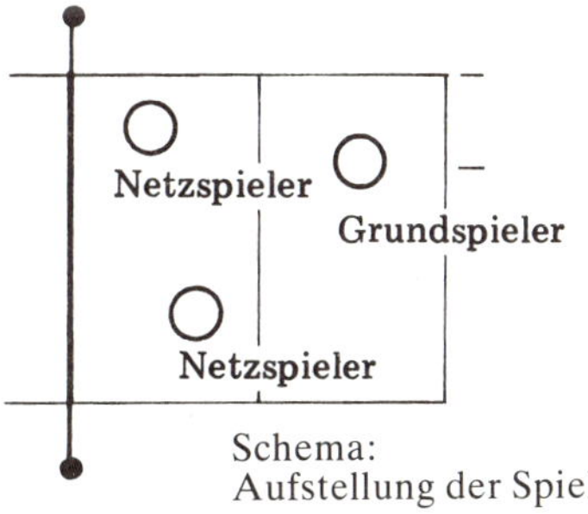

Schema:
Aufstellung der Spieler

Nach Aufgabe nimmt der Grundspieler seinen Platz auf dem Spielfeld wieder ein. Der Grundspieler darf den Ball jedoch nicht innerhalb der Angriffszone schlagen oder um den Ball über Netzhöhe in der Angriffszone kämpfen.

Die Aufgabe
Der Ball wird durch eine Aufgabe ins Spiel gebracht. Diese Aufgabe wird immer vom Grundspieler ausgeführt; dieser nimmt hierfür Aufstellung in dem für die Aufgabe vorgesehenen Aufgaberaum von 1,5 m und schlägt den Ball mit einer Hand so, daß er das Netz überschreitet und in die gegnerische Hälfte gelangt.
Der aufgebende Spieler darf das Spielfeld erst nach erfolgter Aufgabe wieder betreten. Eine Aufgabe gilt als ausgeführt, wenn der Spieler den Ball nach dem Hochwerfen berührt.
Für eine gültige Aufgabe darf der Ball weder das Netz, noch einen Mitspieler, noch ein Hindernis berühren; der Ball darf den Boden außerhalb des Spielfeldes nicht berühren.

Test
Erläuterungen zu sportmotorischen Tests
Erfaßt werden:
1. Sprungkraft
2. Schnelligkeit
3. Arm- und Rumpfkraft
4. Beweglichkeit (Elastizität)
5. Schnelligkeitsausdauer

Testübungen:
1a) Einarmige Reichhöhe im Stand
1b) Einarmige Reichhöhe im Sprung ohne Anlauf
1c) Einarmige Reichhöhe im Sprung mit Anlauf
2a) 10 mal 4,5 m-Lauf
2b) 6 mal 9 m-Lauf
3) Beidarmiger Medizinballwurf (3 kg) aus Schrittst.
4a) Rumpfheben aus der Bauchlage
4b) Rumpfbeugetest
5) Steigetest („Havardtest")
Durchführung zweimal im Jahr in den Monaten 3/4 und 9/10.
Übung 1b und 1 c wegen Verletzungsgefahr nicht an der Wand durchführen.
Bei 2a und 2b, falls nötig, Strafzeit von 2/10 Sekunden.
Bei 3 wirklich aus dem Stand, mit beiden Armen.
Bei 4a und 4b kurzes Halten für die Messung erforderlich.
Bei 5 volle Beinstreckung erforderlich. Springen erlaubt.

Ausführung der Übungen
1b) Ohne Auftaktschritt, Schwungholen mit den Armen erlaubt.
Drei Versuche.

NIPPON
11
9

1c) 3 bis 4 Schritte Anlauf wie zum normalen Schmettern. Schlagen der mit Kreide gefärbten Schlaghand an das Basketballbrett (Verlängerung nach unten). Drei Versuche.

2a) Seitliches Bewegen zwischen zwei 4,5 m entfernten Linien, die mit dem äußeren Fuß und der äußeren Hand berührt werden. Ausgangs-Stellung: Ein Fuß auf der Startlinie. Gesamtzeit.

2b) Die Entfernung Mittellinie – Grundlinie wird dreimal hin und zurück gelaufen. Berührung der Linie mit einem Fuß. Gesamtzeit.

3) Werfen über Kopf. Drei Versuche.

4a) Partner hält die Füße fest. Anheben und Halten des Rumpfes ohne Armhilfe. Abstand zwischen Kinn und Boden wird gemessen.

4b) Stand auf der Bank. Beugen des Rumpfes mit gestreckten Knien, kurzes Halten der nach unten gestreckten Hände im tiefsten Punkt. Abstand zwischen Bankoberkante und dem tiefsten Punkt der Fingerspitzen wird gemessen.

5) Abwechselndes Steigen auf einen kleinen Kasten von 40 cm Höhe bis zur vollständigen Streckung des jeweiligen Beines. Zahl der Streckungen in 90 Sekunden.

Sportmotorische Tests **Einzelspieler**

Name: Vorname: Geburtstag:

Adresse: Telefon:

Spielklasse: Spielertyp: Auswahlspiele:

Datum Jahr	Alter	Größe cm	Gew kg	Schuh-größe	Std/* Woche	** Woche	1a	1b	1c	2a	2b	3	4a	4b	5

Sportmotorische Tests **Mannschaft**

Verein/Schule: Spielklasse: Datum:

Name, Vorname	Geb tag	Alter	Größe cm	Gew kg	1a	1b	1c	2a	2b	3	4a	4b	5

* Trainingszeit ** Trainingstage

STOFFPLAN

Planübersicht der Stoffverteilung nach I. D. Shelensnjak, J. N. Kletschtschow, O. S. Tschechow für Kindergruppen von 11 bis 12 Jahren (monatliche Aufschlüsselung, Beginn im September).

Trainingsinhalt	I	II	III	IV	V	VI	VII	VIII	IX	X	I	II	III	IV	V	VI	VII	VIII	IX	X
					1. Jahr										2. Jahr					
1. Allgemeinentw. Übungen	×	×	×	×	×	×	×	×	×	×	×	×	×	×	×	×	×	×	×	×
2. Vorbereitende Übungen	×	×	×	×	×	×	×	×	×	×	×	×	×	×	×	×	×	×	×	×
3. Bewegungsarten (Platzwechsel und Spielstellungen)	×	×	×	×	×	×	×	×	×	×	×	×							×	×
4. Oberes Zuspiel nach vorn und über den Kopf	×	×	×	×	×	×	×	×	×	×	×	×	×	×	×	×	×	×	×	×
5. Oberes Zuspiel über dem Kopf	×	×	×	×	×	×	×	×	×	×	×	×	×	×	×	×	×	×	×	×
6. Schlagen des Balles mit der Faust über das Netz					×	×	×	×	×	×	×	×			×			×		
7. Oberes Zuspiel im Sprung über das Netz					×	×			×	×	×	×	×	×	×					
8. Annahme des Balles von oben im Fallen (Abrollen)																	×	×	×	×
9. Untere Annahme (Bagger)				×	×	×	×	×	×	×	×	×	×	×						
10. Feldabwehr mit dem Bagger					×	×	×	×	×	×	×	×	×	×			×			×
11. Untere Frontalaufgabe (auch seitlich)	×	×	×	×	×	×	×	×	×	×	×	×	×			×			×	
12. Hakenaufgabe							×	×	×	×	×	×	×	×	×	×	×	×	×	×
13. Obere Frontalaufgabe	×	×	×	×	×	×					×	×	×	×	×	×	×	×	×	×
14. Frontaler Angriffsschlag				×	×	×	×	×	×	×	×	×	×	×	×	×	×	×	×	×
15. Indiv. Angriffs- und Verteidigungstaktik	×	×	×	×	×	×	×	×	×	×	×	×	×	×	×	×	×	×	×	×
16. Gruppentakt. Handlungen						×	×	×	×	×	×	×	×	×	×	×	×	×	×	×
17. Mannschaftstaktik																×	×	×	×	×
18. Vorbereitende Spiele	×	×	×	×	×	×	×	×	×	×	×	×								×
19. Trainingsspiele				×	×	×	×	×	×	×	×	×	×	×	×	×	×	×	×	×
20. Kontrollspiele									×	×						×	×	×	×	
21. Athletische und technische Tests	×				×				×	×	×	×			×				×	×

Die Technik des Volleyballspiels

Der Aufschlag

In erster Linie hat der Aufschlag den Sinn, den Ball ins Spiel zu bringen. Doch der Aufschlag kann zugleich so etwas wie ein Angriffsschlag sein, wenn es gelingt, den Ball entweder so raffiniert, hart oder plaziert ins Feld des Gegners zu schlagen, daß die andere Mannschaft einen Fehler begeht. Zumindest sollte mit einem guten Aufschlag versucht werden, dem Gegner das Aufbauen seines Angriffs zu erschweren. Doch sollte der Aufschlag auch sicher geschlagen werden, um das Aufschlagrecht nicht „kampflos" abzugeben. In Spielen gleichwertiger Mannschaften können die Aufschläge über Sieg oder Niederlage entscheiden. Je geringer das Spielniveau, desto höher der Anteil des Aufschlags am Spielergebnis.
Man unterscheidet:
Aufschläge mit Effet (Unterer Aufschlag, oberer Frontalaufschlag/Tennisaufschlag, Hakenaufschlag).
Aufschläge ohne Effet (Flatteraufschlag seitlich/japanische Art, Flatteraufschlag frontal/amerikanische Art, Hakenaufschlag).
Die Bezeichnungen „mit" und „ohne Effet" sind etwas verwirrend. Denn gerade die Aufschläge ohne Effet sind die raffiniertesten und schwierigsten. Der Ball wird hier durch ein sehr kurzes und hartes, nahezu stoßartiges Abschlagen genau in der Ballmitte von hinten in eine instabile, unruhige Flugbahn gebracht. Der Ball vibriert und flattert und fällt am Ende seines Fluges meist recht plötzlich und mit geringerer Wucht als erwartet ab. Für den Gegner ist diese unregelmäßige Flugbahn nur sehr schwer einzuschätzen. Ein sauberes und technisch einwandfreies Annehmen des Balles wird erschwert.
Bei den Aufschlägen mit Effet bekommt der Ball einen gewissen Drall, indem man ihn nicht genau in der Ballmitte von hinten trifft. Durch die Eigenumdrehung in der Luft wird die Flugbahn des Balles stabilisiert, dabei zwar auch leicht abgelenkt, doch in einer regelmäßigen, vorauszuberechnenden Kurve. Mit Effet kann demnach ein Ball plazierter und damit sicherer geschlagen werden.

Der Aufschlag von unten

Dies ist die einfachste und wohl auch weitestverbreitete Art, das Volleyballspiel zu beginnen. Der Aufschlag von unten ist von allen technischen Elementen am leichtesten zu erlernen. Er erlaubt selbst dem Anfänger schon bald ein relativ sicheres und plaziertes Schlagen des Balles ins Feld des Gegners.

Bewegungsablauf (stets für Rechtshänder):
Frontale oder leicht seitliche Schrittstellung zur Grundlinie, linker Fuß vor, in den Knien nachgebend, Oberkörper vorgebeugt, Ball in der linken Hand nach vorne gehalten, rechte Hand seitlich dahinter.
Gleichzeitig mit dem Hochwerfen des Balles (bis etwa in Kopfhöhe) schwingt der rechte Schlagarm nach hinten bis etwa in Schulterhöhe, wird das Körpergewicht auf den linken Fuß verlagert und schwingt der Schlagarm nach vorn. Im Moment der Ballberührung sollte der Schlagarm gestreckt sein. Der Ball kann mit der offenen Hand oder mit der Handkante (Daumenseite) von hinten-unten geschlagen werden. Nach dem Schlag den Arm durchschwingen und mit ein paar Vorwärtsschritten den Körper wieder ins Gleichgewicht bringen.

2

Oberer Frontalaufschlag mit Effet (Tennisaufschlag)

Diese Aufschlagart ähnelt dem Tennisaufschlag. Hier kann der Ball schon wesentlich härter über das Netz geschlagen werden, weil die Flugkurve auf Grund des höher gelegten Abschlags flacher verläuft. Der Ball läßt sich dabei ebenfalls sehr gut plazieren.

Bewegungsablauf:
Frontale Schrittstellung zur Grundlinie, linker Fuß vor, der Ball in Hüfthöhe mit der linken oder auch beiden Händen gehalten, Hochwerfen des Balles gut zwei Meter über Kopfhöhe, den gebeugten Schlagarm über die Schulter nach hinten führen, den Körper nach hinten spannen und den Schlagarm wieder ohne Unterbrechung in einer totalen Körperstrekkung nach vorne schwingen. Der Ball sollte bei völlig gestrecktem Arm genau senkrecht über dem Kopf mit der offenen, leicht gewölbten Handinnenfläche getroffen werden. Das Handgelenk muß dabei mithelfen; die Hand gleitet am Ball von hinten-unten nach vorne-oben und gibt dem Ball somit den Vorwärtseffet. Frontalaufschläge mit Effet können auch aus der Bewegung erfolgen.

KOREA
4

Oberer Frontalaufschlag ohne Effet (frontaler Flatteraufschlag)

Die Flatteraufschläge haben sich im modernen Volleyballspiel eindeutig durchgesetzt. Jeder gute Wettkampfspieler sollte diese Aufschlagart beherrschen. Höhe und Länge der Flugbahn können hier besonders gut variiert werden, auch die Härte der Schläge.

Bewegungsablauf:
Frontale Schrittstellung zur Grundlinie, linker Fuß vor, den gestreckten Schlagarm heben und über Schulterhöhe einknicken, den Ball mit dem linken ge-

streckten Arm leicht über Kopfhöhe führen, dann den Ball nur leicht (etwa einen Meter) senkrecht über die Schlagschulter hochwerfen, Schlagschulter und Schlagarm zurücknehmen, ohne den Rumpf zu spannen, den Schlagarm strecken und zum Ball durchziehen, den Ball in der Mitte mit gestrecktem Arm und festgestelltem Handgelenk über dem Körper kurz und schnell schlagen, unmittelbar nach dem Schlag kurz verharren, dann die Bewegung nach vorne auslaufen lassen.

Der seitliche Flatteraufschlag

Bewegungsablauf:
Leichte Grätschstellung seitlich zum Netz, Hochführen und -werfen des Balles vor dem Körper, weites Ausholen mit dem Schlagarm seitlich nach hinten, den Oberkörper in dieselbe Richtung neigen, den Ball in der Mitte mit gestrecktem Arm hoch vor dem Körper treffen, langer Ballkontakt mit dem Handteller, unmittelbar nach dem Schlag kurz verharren, dann die Bewegung ausklingen lassen.

Der Hakenaufschlag mit Effet

Diese Aufschlagart war einst dominierend im Wettkampfsport. Sie ist der härteste Angriffsaufschlag. Doch je härter der Schlag, desto größer die Gefahr eines Fehlers.

Bewegungsablauf:
Leichte Grätschstellung seitlich zum Netz, entspannte Körperhaltung mit leicht eingeknickten Beinen, den Ball vor dem Körper hochwerfen, gleichzeitig mit dem Schlagarm nach hinten, unten kreisförmig ausholen, das Körpergewicht auf das hintere Bein verlagern, stärker in den Knien einknicken, den Schlagarm strekken und kreisförmig nach vorne, oben schwingen, den Körper voll strecken (auf Zehenspitzen), das Gewicht auf beide Beine bringen, den Ball an seinem höchsten Punkt über dem Körper mit gewölbter, angespannter Hand in der Mitte treffen, die Hand von hinten-unten nach vorne-oben über den Ball führen, um ihm den Vorwärtseffet zu geben, den Schlagarm gestreckt durchschwingen lassen, Gewichtsverlagerung auf das vordere Bein, Körperdrehung frontal zum Netz.

Der Hakenaufschlag ohne Effet

Bewegungsablauf:
Leichte Grätschstellung frontal zum Netz, linker Fuß eine halbe Fußlänge vor, den Ball mit dem gestreckten linken Arm

leicht über Kopfhöhe führen und über dem Körper etwa einen Meter hochwerfen, dabei gleichzeitig den Körper in den Knien nach hinten einknicken, die Schlagschulter nach hinten bringen, so daß eine leichte Verwindung des Körpers eintritt, den gestreckten Schlagarm nach hinten-unten schwingen, dann kreisförmig nach vorne- oben durchschwingen, den Körper voll strecken (Zehenspitzen), frontale Haltung zum Netz, den Ball senkrecht über dem Körper in der Mitte von hinten mit festgestelltem Handgelenk treffen, unmittelbar nach dem Schlag kurz verharren, dann die Bewegung nach vorne zu Ende führen.

Die Abwehr der Aufschläge (Bagger)

Die Annahme des Aufschlags ist praktisch zugleich die erste Vorbereitung des eigenen Angriffs. Ein Fehler bei der Annahme führt zum unmittelbaren Punktgewinn für den Gegner und verunsichert durch den schnellen Verlust das eigene Team. Ein korrekt angenommen und auch gut weitergespielter Ball ist dagegen die Basis für einen erfolgversprechenden Aufbau des eigenen Angriffs. Wichtig ist, daß die Aufschlagart frühzeitig erkannt und die Flugbahn des Balles richtig eingeschätzt wird, um nicht unvorbereitet und damit überhastet den Ball annehmen zu müssen. Die abwehrenden Spieler müssen zudem darauf achten, daß sie sich nicht gegenseitig behindern, wenn der Ball zugleich von mehreren angenommen werden könnte. Energische Rufe („Ich“) sollten entschlossenem Handeln vorausgehen. Zögern und Zaudern, plötzliches Abbrechen einer Bewegung zum Ball, weil man sich verschätzt hat, führen fast unweigerlich zu einem Fehler.

Priorität bei der Abwehr des Aufschlags hat die korrekte Annahme (das Retten des Balles). Den ersten Paß mit der Abwehr des Aufschlags sollte man nur versuchen, wenn eine problemlose Annahme möglich ist. Der Ball sollte eher zu hoch als zu flach und nicht zu nah ans Netz gespielt werden.

Die günstigste Form für die Abwehr des Aufschlags ist der „Bagger“. Ob bei Anfänger oder Meister, „gebaggert“ wird heute auf allen Volleyballfeldern der Welt.

Bewegungsablauf:
Lockere Schritt-Grätsch-Stellung, Beine leicht eingeknickt, Oberkörper nach vorne gebeugt, Arme weit nach vorne gestreckt, schnelle Bewegung zum Ball. Die Bewegung muß bei der Annahme selbst beendet sein. Unmittelbar vor der Annahme die Unterarme parallel und möglichst dicht zusammenbringen, Innenseiten nach oben, Hände ineinander- oder zusammenlegen, nach unten abknicken, um möglichst viel Spannung in die Arme zu bekommen, tiefer in die Knie gehen und den Oberkörper in die Richtung drehen, in die der Ball gespielt werden soll. Im Moment des Aufpralls des Balls auf die Innenseite der Unterarme den Körper weich und flüssig strecken, die gestreckten Arme aus den Schultern heraus nach oben führen, um den Ball nicht zu stoßen sondern zu schieben, die Körperstreckung beenden und die Arme nicht über Schulterhöhe heben.
Je nach Spielsituation läßt sich der Aufschlag jedoch nicht immer nach diesem Schema annehmen. Zur Rettung eines scharf geschlagenen Balles kann es notwendig sein, die Abwehr seitlich im Fallen, nach vorne im Hechtsprung, unmittelbar vor dem Körper oder mit einem Ausfallschritt vorzunehmen. (Vergleiche hierzu die entsprechenden Schlagvariationen in der Feldabwehr.)

Das obere Zuspiel (Pritschen)

Volleyball ist – etwas vereinfacht – ein Drei-Phasen-Spiel: Baggern – Pritschen – Schmettern. Oder nicht ganz so salopp formuliert: Annahme des Aufschlags (bzw. Abwehr des gegnerischen Angriffs) – oberes Zuspiel – Angriffsschlag. Phase Nr. 2 ist dabei alles andere als eine unbedeutende Zwischenstation. Natürlich muß der Ball erst mal technisch sauber angenommen sein, bevor man überhaupt an einen eigenen Angriff denken kann, natürlich muß dann am Ende ein wuchtiger Schmetterschlag oder eine gekonnte Angriffsfinte als letzte Phase folgen, doch über Erfolg oder Mißerfolg des eigenen Angriffs entscheidet meist schon das obere Zuspiel, das „Stellen" des Balls, der Paß vom „Aufbauspieler" („Stellspieler") zum „Angreifer". Die besten Angriffspieler sind nur noch halb soviel wert, wenn sie nicht mit einem gut gestellten Ball die notwendigen Voraussetzungen für einen erfolgreichen Schmetterschlag bekommen. So wird das obere Zuspiel auch als „Hirn" oder „Seele" des Volleyballspiels bezeichnet. Aufbauspieler sind so etwas wie die Regisseure ihrer Mannschaften, die Spielmacher.

Das obere Zuspiel ist nicht nur einer der wichtigsten Faktoren im Wettkampf, es hat auch für den Breitensport eine besondere Bedeutung. Denn das Pritschen ist die Grundform jeden Zusammenspiels. Wenn sich zwei, drei Menschen den Ball zuspielen, nur so, zum Spaß, oder auch zum Training, dann pritscht man sich den Ball zu. Hier lernt man am besten das besondere Fingerspitzengefühl für den leichten Ball. Für den Anfänger eine unerläßliche Übung. Pritschen kann man sogar ohne Partner, indem man den Ball gegen eine Wand spielt.

In der Regel wird der Ball vorwärts aus dem Stand gepritscht. In der DDR hat man errechnet, daß in Wettkämpfen 68 Prozent aller Pässe auf diese Weise gespielt werden. Das Zuspiel über den Kopf nach hinten folgt als nächste Variante mit 18 Prozent und die Zuspiele im Fallen (5 Prozent), seitlich (5 Prozent) und im Sprung (4 Prozent) bilden als „Ausnahmesituationen" eine klare Minderheit.

Das obere Zuspiel vorwärts aus dem Stand

Bewegungsablauf:

Die Bewegung zum Ball muß möglichst früh beendet sein, um den Ball wirklich aus dem Stand spielen zu können. In Er-

SSF
BONN
3

wartung des Balles, der genau auf den Kopf zufliegen sollte, leichte Schritt-Grätschstellung, in den Knien leicht eingeknickt, Oberkörper etwas nach vorne gebeugt, Unterarme nach vorne gestreckt, dann die Hände vor das Gesicht heben, in den Knien noch weiter einknikken und im Moment der Ballberührung mit dem ganzen Körper eine Aufwärtsbewegung zum Ball durchführen bis zur totalen Streckung des Körpers von den Zehen bis zu den Fingerspitzen. Beide Bewegungen (abwärts und aufwärts) müssen weich und ohne Unterbrechung ineinander übergehen. Der Spieler (stets hinter dem Ball) sollte den Ball so elastisch wie ein Gummiband zurückschnellen lassen. Wichtig ist die Hand- und Fingerhaltung im Moment der Ballberührung. Beide Hände sollen sich mit weit gespreizten und leicht gekrümmten Fingern auf gleicher Höhe oberhalb des Gesichts befinden. Besonders der Daumen soll weit abgespreizt werden. Berührt wird der Ball hauptsächlich mit dem Daumen, dem Zeigefinger, den oberen Gliedern des Mittelfingers, der Spitze des Ringfingers und kaum vom kleinen Finger. Beim Auftreffen des Balls sollten die Finger weit und elastisch zurückfedern und den Ball bei der anschließenden Vorwärtsbewegung unterstützen, ohne ihn regelwidrig zu führen. Wichtig

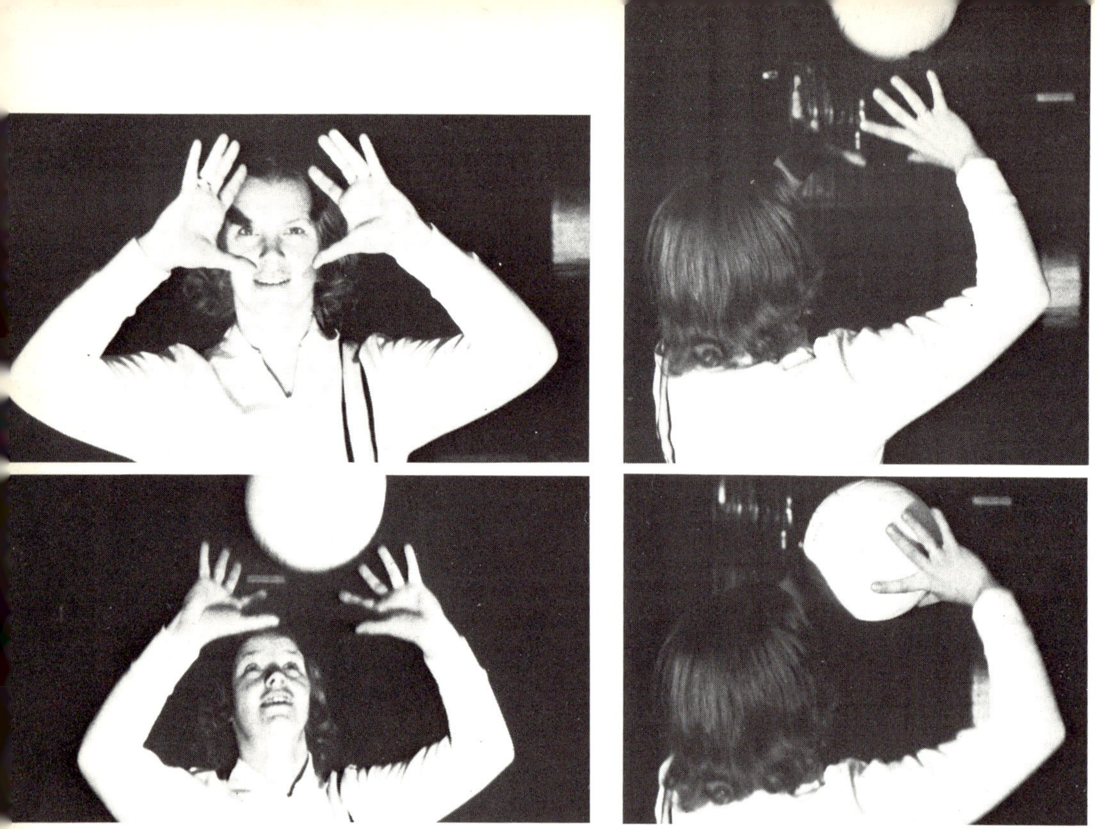

ist das gleichzeitige, gleichmäßige und elastische Berühren des Balls. Nach dem Abspiel die Bewegung weich ausklingen lassen, Hände in den Gelenken leicht abklappen lassen, Daumen zeigen nach vorne.

Das obere Zuspiel über den Kopf aus dem Stand

Bewegungsablauf:
Der Unterschied zum oberen Zuspiel vorwärts aus dem Stand besteht darin, daß der Ball nach hinten, also zu einem nichtsichtbaren Partner, weitergespielt wird. Ausgangsstellung und Fingerhaltung sind dieselben. Der Spieler sollte hier aber mit seinem Körper nicht mehr hinter sondern direkt unter dem Ball sein und die Körperstreckung nach hinten-oben durchführen. Die Hüfte wird dabei leicht nach vorne geschoben und der Kopf etwas zurückgenommen. Die Arme nicht zu weit nach hinten führen, weil der Ball sonst zu flach gespielt wird. Bei guten Zuspielern kann der Gegner oft erst im letzten Moment erkennen, ob der Ball nun nach vorne oder nach hinten gespielt wird. Die Unterschiede im Bewegungsablauf sind minimal.

Das obere Zuspiel im Fallen

Bewegungsablauf:
Wenn der Ball sehr tief angeflogen kommt, so daß man den aufrechten Körper nicht mehr unter den Ball bringen kann, man aber den Ball auch nicht baggern möchte, muß man tief in die Knie gehen, um den Ball noch vor dem Gesicht mit erhobenen Händen spielen zu können. Dies läßt sich bei anschließender Oberkörperstreckung (wie beim oberen Zuspiel aus dem Stand) nur noch erreichen, wenn man sich nach dem Abspiel nach hinten oder seitlich abrollen läßt. Wie beim oberen Zuspiel aus dem Stand kann auch im Fall das Zuspiel nach vorne und hinten erfolgen.

Das obere Zuspiel im Sprung

Bewegungsablauf
Die schwierigste Art des oberen Zuspiels erfolgt fast ausschließlich mit Hilfe der Arme und Finger, weil der Körper ja durch den gestreckten Sprung nicht mehr zur Unterstützung wie beim oberen Zuspiel aus dem Stand eingesetzt werden kann. Wichtig ist, den Ball im höchsten Punkt seiner Flugbahn (oder auch noch beim Ansteigen) zu treffen. Das obere Zuspiel aus dem Sprung kann den eigenen Angriff schneller und flüssiger machen. Man kann sich im Sprung auch drehen, um dem Zuspiel eine andere Richtung zu geben. Auch ein Zuspiel aus dem Sprung über den Kopf ist möglich. Arm-, Hand- und Fingerhaltung sind bei allen oberen Zuspielen ähnlich.

Angriffsschläge (Schmettern)

Was der Torschuß im Fußball, der Torwurf im Handball, das ist der Schmetterschlag im Volleyball. Man versucht mit diesem Schlag unmittelbar zu einem Punktgewinn zu kommen. Ähnlich wie im Tennis oder Tischtennis, wo ja ebenfalls eifrig „geschmettert" wird. Der Angriffsschlag ist das offensive, aggressive Element des Volleyballs, nicht selten das spektakulärste, auf jeden Fall aber das dynamischste und kräftigste. Ziel ist es, den Ball so über das Netz zu spielen, daß der Gegner den Ball überhaupt nicht mehr erreichen oder nur noch fehlerhaft spielen kann. Zumindest aber sollte dem Gegner der Aufbau eines eigenen, erfolgversprechenden Angriffs sehr erschwert werden.
Es gibt verschiedene Möglichkeiten anzugreifen.
Etwa zwei Drittel aller Angriffsschläge werden „frontal geschmettert", das heißt, ein Schmetterschlag über das Netz in Verlängerung der Anlaufrichtung. Diese Schläge sind zwar vom Gegner am leichtesten auszurechnen, doch sie haben ihre hohe Wirkung in ihrer beträchtlichen Wucht. Kein Angriffsschlag kann härter sein.
Der frontale Angriffsschlag kann aus einer leichten Körperdrehung erfolgen.
Daneben gibt es den „seitlichen Angriffsschlag", eine Art Hakenschlag, dann die Schläge aus dem Handgelenk, mit denen die Schlagrichtung sich gut verändern läßt, und schließlich die „Angriffsfinte", die nur „so tut, als ob", die einen harten Schmetterschlag vortäuscht, dann den Ball aber nur weich über den Block hebt.

Bewegungsablauf:
Die Bewegungsabläufe lassen sich bei allen Angriffsschlägen in vier Phasen einteilen: Anlauf, Absprung, Schlag, Landung. Die Unterschiede der verschiedenen Angriffsvariationen machen sich hauptsächlich nur während der Schlagphase bemerkbar.
Der Anlauf zum Schlag kann zwischen zwei und vier Schritten lang sein, mitunter, je nach Spielsituation, wird man sich auch mit einem Schritt begnügen müssen. Richtung und Ende des Anlaufs richten sich nach dem Zuspiel, also nach dem Ort, wo der Ball hingespielt wird. Die ersten Schritte bringen den Spieler zum Ball, der letzte Schritt wird ähnlich wie beim Hochsprung zum sogenannten Stemmschritt, der die Vorwärtsbewegung in die Aufwärtsbewegung umsetzen soll. Der Stemmschritt ist ein schneller, weiter, kraftvoller Schritt, wobei der Spieler mit seinem Körperschwerpunkt

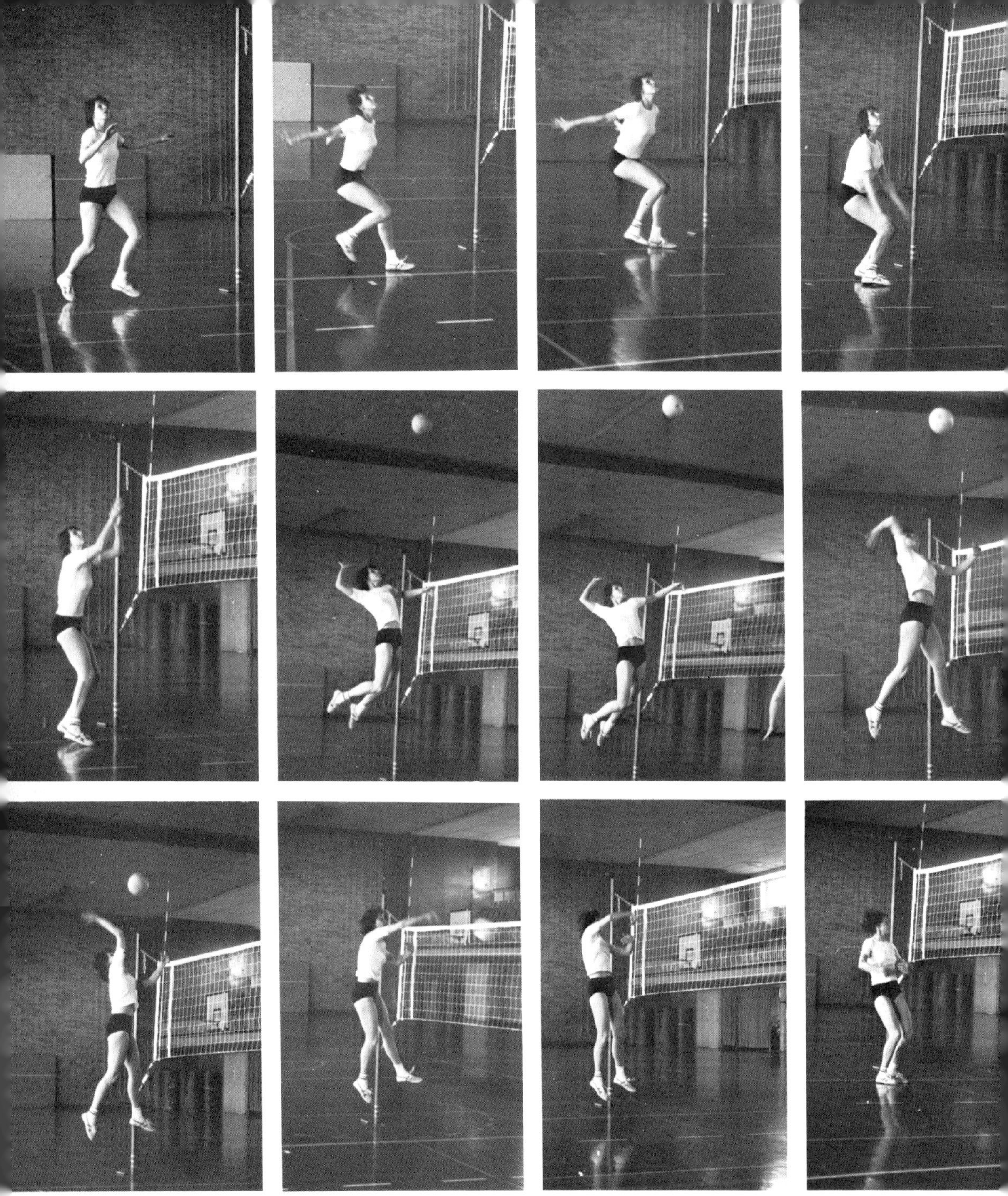

deutlich hinter den Füßen zurückbleibt. Die Arme werden von weit hinten nach vorne gerissen, um die Aufwärtsbewegung des Körpers zu unterstützen. Die Füße werden nachdrücklich mit den Fersen aufgesetzt, meist gleichzeitig und parallel zueinander nach längeren Anläufen. Bei kürzeren Anläufen werden die Füße auch sehr oft nacheinander aufgesetzt, der linke dabei zuletzt und leicht quer zur Anlaufrichtung, um eine bessere Stemmwirkung zu erreichen. (Das gilt, wie stets, für Rechtshänder). Der Absprung erfolgt in beiden Fällen mit beiden Füßen gleichzeitig.

Unmittelbar nach dem Absprung beginnt bereits die Schlagphase mit dem Ausholen des Schlagarms und dem Spannen des Körpers. Der linke Arm wird leicht seitwärts nach vorne gehalten, um für das Gleichgewicht in der Luft zu sorgen. Der Schlagarm wird dagegen weiter nach oben geführt, im Ellenbogengelenk leicht eingeknickt, so daß sich die Schlaghand hinter dem Kopf befindet, und der Körper nach hinten wie ein Bogen gespannt, wobei die rechte Schulter (Schlagarm) allerdings weiter zurückgenommen wird als die linke. Sehr kräftige Spieler können auf die mehr oder weniger starke Verwringung des Körpers verzichten und allein aus der Schulter heraus schmettern.

Zum Schlag selbst wird der Ellenbogen gestreckt, auch die Spannung und Verwringung des Körpers wird aufgelöst und der Schlagarm mit geöffneter Hand kräftig nach vorne zum Ball geschwungen. Der Ball wird im höchsten Punkt vor der Körpersenkrechten getroffen.
Unmittelbar nach dem Schlag beginnt die Vorbereitung zur Landung. Die Beine werden nach vorne gestreckt, der Rumpf leicht eingeknickt, der Schlagarm nach vorne, unten weitergeführt und im Ellenbogengelenk wieder eingeknickt. Die Landung selbst erfolgt in der Regel auf beiden Beinen. Wurde der Schmetterschlag sehr nah am Netz ausgeführt, kann auch eine einbeinige Landung sinnvoll sein, um der Gefahr des Übertretens oder der Netzberührung besser entgegenwirken zu können. Der Schlagarm kann unmittelbar nach dem Schlag noch über das Netz hinausreichen, muß dann aber schnell im Ellenbogen eingeknickt und zurückgenommen werden.
Die Besonderheiten der einzelnen Schlagvariationen, die sich hauptsächlich auf die Schlagphase beziehen:

Frontaler Schmetterschlag
Die geöffnete Schlaghand reicht in der letzten Berührungsphase über den Ball, gibt ihm also einen gewissen Effet. Der ganze Arm schwingt nach.

Seitlicher Schmetterschlag:
Anlauf in der letzten Phase parallel zum Netz. Auch einbeiniger Absprung möglich. Der Schlagarm vollführt einen halben bis vollen Außenarmkreis. Der Ball wird vor dem Kopf getroffen, der Körper dabei in Schlagrichtung gedreht und frontal zum Netz gelandet.

Drehschlag:
Beim Anlauf um den Ball leicht herumlaufen, gerade Bogenspannung des Körpers beim Ausholen und den Ball zur Seite der Drehung länger „führen".

Schläge aus dem Handgelenk:
Volle Ausholbewegung, um den Gegner zu täuschen, doch unmittelbar vor dem Schlagen des Balles die Bewegung unterbrechen und den Ball nur noch aus dem Handgelenk schlagen. Die Schlagrichtung läßt sich dabei leicht variieren. Mit und ohne Effet möglich.

Angriffsfinte
Volle Ausholbewegung, um dem Gegner einen Schmetterschlag vorzutäuschen, doch dann die Bewegung wieder kurz vor der Berührung des Balls unterbrechen und den Ball mit den Fingerspitzen gefühlvoll und weich über das Netz (und Block) „heben".

Der Block

Der Block ist das A und O in der Verteidigung im Volleyball. Ohne einen guten Block, der den Angriffsschlag entweder direkt abwehrt oder aber dem Gegner den Angriff sehr erschwert, hat auch die Feldabwehr der übrigen Spieler meist nur noch geringe Chancen.
Allgemein üblich ist der sogenannte Zweier-Block, der von zwei sich dem Angriff entgegenreckenden und -streckenden Netzspielern ausgeführt wird. Nur selten kommt der dritte Netzspieler zur Unterstützung hinzu. Die Spielsituation kann aber auch zum Einer-Block führen. Die Fähigkeiten beim Blocken entscheiden nicht selten über den Ausgang von Spielen. Viele Punkte können unmittelbar mit dem Block erreicht werden, wenn der Ball von Armen oder Händen direkt in das Feld der angreifenden Mannschaft zurückspringt. Die Verteidiger sind dabei bemüht, mit ihren Armen und Händen über das Netz hinauszureichen, um den Angriffsschlag so schnell und kurz wie möglich abzublocken. Dazu braucht man aber entweder eine entsprechende Körperlänge oder eine beträchtliche Sprungkraft, da der Sprung zum Block in der Regel aus dem Stand erfolgt, während der Angreifer ja den Schwung seines Anlaufs mit verwerten kann, dem Block also von der Sprunghöhe meist überlegen ist. Hinzu kommt als sehr wichtiger Faktor der Absprung zum Block zur rechten Zeit, daß man seine maximale Höhe also unmittelbar nach dem Schlag des Angreifers erreicht. Dabei muß der Angreifer bis zuletzt beobachtet werden, um sich selbst in die beste Position zum Angreifer zu bringen. Außerdem müssen die beiden blockenden Spieler ihre Abwehrbewegung koordinieren. Alle vier Arme und Hände sollen schließlich eine wirkungsvoll geschlossene, möglichst breite und hohe Abwehrfront bilden. Beim Block mit Anlauf, vor allem für den inneren Blockspieler, wird zwar eine größere Höhe erreicht, doch das genaue „Timing" der Bewegung im Bezug auf den Angreifer wird dabei noch schwieriger. Auch kann die Bewegung des Angreifers und damit der genaue Ort des Abschlags nicht so lange beobachtet und die eigene Bewegung kurzfristig geändert werden.

Bewegungsablauf:
Der Angriff des Gegners wird etwa mit einem halben bis einen Meter Abstand zum Netz erwartet. Blick zum Gegner. Der Außenspieler möglichst nahe an der Seitenlinie. Der Innenspieler folgt der Bewegung des Balles in Richtung Außenspieler (rechts oder links). Anlauf pa-

rallel zum Netz, Stemmschritt wie beim Schmetterschlag, die Füße dabei schräg zur Laufrichtung aufsetzen, während des Sprungs frontal zum Netz drehen, die Arme und Hände so hoch und weit wie möglich über das Netz führen. Das gilt auch für den Absprung zum Block aus dem Stand (in der Regel der Außenspieler), wobei der Sprung und die anschließende Körperstreckung aus der Hocke erfolgt. Die nach oben schwingenden Arme unterstützen die Aufwärtsbewegung. Die Hände sollen dicht beisammen gehalten werden, die Finger gespreizt und gespannt. Im Moment einer Ballberührung sollen die Hände nach vorne drücken, um den Ball ins Feld des Gegners zurückprallen zu lassen. Den Körper dabei in der Hüfte abknicken und die Beine zum Ausgleich leicht nach vorne schwingen lassen. Vor der Landung die Arme schnell nach hinten, oben zu-

rückreißen, um ein Berühren der Netzoberkante zu verhindern. Landung auf beiden Füßen in den Knien abfangen und sofort zur nächsten Spielaktion bereit sein.

Die Feldabwehr (Bagger)

Ähnlich wie bei der Annahme des Aufschlags wird das Feld gegen vom Block nicht abgewehrte Angriffsschläge mit dem sogenannten Bagger verteidigt, auch unteres Zuspiel genannt. Man unterscheidet die beidarmige Abwehr (aus dem Stand und im Fallen) sowie die einarmige Abwehr (im Stand, im Fallen, im Sprung).
Wichtig für die Feldabwehr ist ein gutes Stellungsspiel, um nicht mehr weite Wege zum Ball zurücklegen zu müssen, ein hohes Reaktionsvermögen, körperliche Gewandtheit und auch den Mut zu gewagten Abwehrhechtsprüngen.
Die sicherste Abwehr erfolgt natürlich beidhändig aus dem Stand. Auch sehr harte Schmetterschläge können so am besten „entschärft“ werden.

Bewegungsablauf:
In seinem – von ihm persönlich – zu verteidigenden Feld nimmt der Spieler eine möglichst tiefe Grätschstellung ein, mit

nahezu parallel und – etwa schulterbreit auseinander – aufgesetzten Füßen. Die Knie dürfen dabei nicht gestreckt sein und der Spieler auch nicht hinten fast auf seinen Fersen hocken. Er muß vielmehr aus dieser Stellung nach allen Seiten hin beweglich sein. Der Rumpf ist nahezu aufrecht, die Arme sind weit und breit nach vorne gestreckt und der Oberkörper leicht nach vorne geneigt. Da diese Haltung sehr kräfteraubend ist, sollte sie erst unmittelbar vor dem zu erwartenden Angriffsschlag eingenommen werden. Sie erschwert zwar den schnellen Start zu einer anderen Stelle, gibt dem Spieler aber in einem beträchtlichen Umkreis eine hohe Verteidigungsbereitschaft. Etwa 12 Quadratmeter Spielfläche lassen sich so von einem 1,80 Meter großen Spieler sehr wirkungsvoll abdecken. Aus dieser anstrengenden Verteidigungsstellung erfolgt die eigentliche Abwehr in ihren verschiedenen Variationsmöglichkeiten.

Beidarmige Abwehr im Stand

Wenn der Ball direkt auf die eigene Position zufliegt. Arme schnell zusammenführen, die Innsenseiten der Unterarme möglichst parallel zueinander und waagerecht unter den Ball bringen, um ihn im eigenen Feld zu halten, die Hände zusammengelegt und nach unten abgeknickt. Je härter der Angriffsschlag, desto elastischer muß die Wucht mit den Armen abgefedert werden.

Einhändige Abwehr im Stand

Zur „Rettung" des Balles mit einem Reflex, wenn der Ball hart neben den eigenen Körper geschlagen wird. Den Arm zur Seite strecken und den Unterarm oder das Handgelenk unter den Ball bringen. Finger zur Faust schließen oder krümmen, um nicht mit der offenen Hand den Ball zu berühren. Wenn der Ball sehr tief kommt, kann diese Bewegung auch mit seitlichem Abrollen ausgeführt werden.

Ein- und beidarmige Abwehr im Fallen nach vorne (auch seitlich)

Bei Bällen, die aus dem Stand nicht mehr erreichbar sind, aber noch keinen Hechtsprung erfordern. Durch kräftiges Strecken der Beine den Körper in die gewünschte Richtung schieben, Arme weit nach vorne und Ballberührung während des Fallens mit beiden oder einem Handrücken. Brust, Bauch und Oberschenkel berühren den Boden gleichzeitig.

Einarmige Abwehr im Sprung (Hechtbagger)

Die wohl spektakulärste Feldabwehr. Aus der Verteidigungsstellung oder auch aus dem Lauf einen Hechtsprung zum Ball mit ausgestrecktem rechten Arm, Berühren des Balles mit dem Handrücken, Abfangen des Sprungs mit beiden Händen vor dem Kopf (wie beim Liegestütz) oder auch einhändiges Abstützen, flach über den Boden mit hochgerecktem Oberkörper und angehobenen Oberschenkeln ausgleiten. Abrollen, fallen, springen erfordern ein Höchstmaß an Körperbeherrschung und können durchaus individuell und je nach Spielsituation variiert werden. Das gilt auch für alle hier angegebenen Schlagarten. Letztlich bestimmt die Wirkung und nicht der Stil die Effektivität eines Schlages, sofern kein Regelverstoß begangen wird.

Die Taktik im Volleyballspiel

Praktisch wird das Volleyball-Spiel von sechs immer wiederkehrenden Elementen geprägt: Aufschlag, Abwehr des Aufschlags, Stellen (Zuspiel, Paß), Angriffschlag, Block und Feldabwehr. Grob gesagt reichen dafür vier Schlagvariationen: Aufschlag, unteres Zuspiel, oberes Zuspiel, Schmetterschlag.

Dennoch könnten allein Technik und Taktik des Volleyballs unzählige Bände füllen. In den letzten Jahren sind immer mehr Bücher dieser Art erschienen, in denen Trainer ihre ganz besonderen Tips weitergeben.

Für Anfänger sind solche Ratschläge meist wenig nützlich. Die Taktik des

Volleyballspiels entwickelt sich mit der Zeit in jedem Team von selbst, wenn erst mal die Technik einigermaßen beherrscht wird. Allein für Leistungssportler werden die taktischen Raffinessen interessant. Wir wollen uns deshalb hier auf die Grundformen des taktischen Spiels beschränken. Wer Weltmeister oder Olympiasieger werden will, muß sich schon durch eine Menge sehr wissenschaftlicher Literatur, die vornehmlich aus dem Osten kommt, durcharbeiten.

Taktik, der militärische Begriff, ist heute längst ein fester Bestandteil der sogenannten Sportsprache. Von Taktik spricht jeder Fußball-, Handball- oder Eishockeytrainer. Man kennt die üblichen Sprüche nach dem Spiel: Hat die Mannschaft gewonnen, so brüstet sich der Trainer mit der Feststellung, daß seine Taktik eben voll aufgegangen sei; wurde das Spiel aber verloren, dann hat sich seine Mannschaft eben nicht an seine taktischen Anweisungen gehalten. So einfach ist das mit der Taktik: Man gewinnt immer damit; wenn man trotzdem verliert, dann lag das nicht an der Taktik sondern an den Mängeln der Spieler.

Aus dem Fußball kommt die große Unterscheidung zwischen „Defensivtaktik" und „Offensivtaktik". Man „mauert", betreibt „Ball-Sicherung", verzögert das Spiel oder stürmt, mitunter gar „bedingungslos". Im Volleyball entfällt diese große Unterscheidung: Es gibt keine Defensivtaktik. Ein Punktvorsprung kann nicht durch Ballsicherung, Zeitverzögerung oder reine Abwehrarbeit verteidigt werden. Denn der Ball kann ja nicht beliebig in den eigenen Reihen gehalten werden, sondern muß nach drei Kontakten wieder zum Gegner gespielt werden.

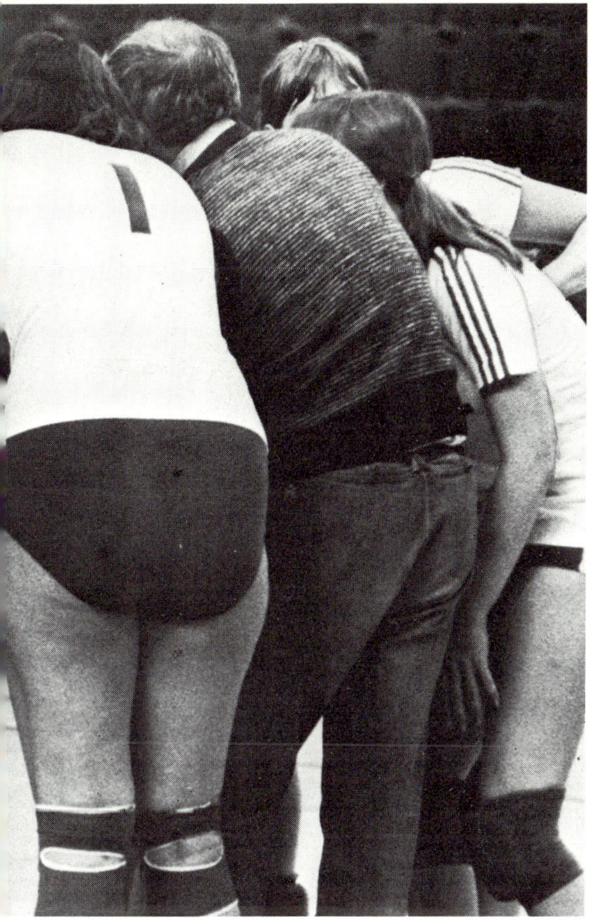

Und da nur bei eigenem Aufschlag Punkte erzielt werden können, muß man sich das Aufschlagrecht schon mit Angriffsaktionen erkämpfen, um den Gegner daran zu hindern, dasselbe zu tun. Man kann hier auch nicht wie etwa im Tennis oder Tischtennis allein von den Fehlern des Gegners profitieren. Die Chance, durch Abwehrarbeit einen Punktgewinn zu verbuchen, ist wesentlich geringer als die Möglichkeit, mit einem Angriff zum Erfolg zu kommen. Angriff ist im Volleyball also nicht nur die beste Verteidigung, sondern die einzig mögliche. Volleyball ist ein Offensivspiel.

Natürlich gibt es Defensivhandlungen. Etwa die Abwehr des Aufschlags oder die Abwehr eines Netzangriffs. Doch praktisch fängt mit dieser Defensivhandlung bereits die eigene Offensive an: Der Aufbau des eigenen Angriffs. Zumindest der zweite Paß hat eindeutig offensive Aufgaben. Die Tatsache, daß mit drei Ballberührungen Abwehr sowie Vorbereitung und Abschluß des Angriffs ausgeführt sein müssen, läßt das Volleyballspiel leicht schematisch erscheinen. Das Spielen des Balles über das Netz bereits nach dem zweiten oder gar nach dem ersten Kontakt sind Ausnahmen, entweder aus der Not geboren oder auch mitunter als Versuch der Überrumpelung.

In der Regel beginnt die individuelle Variationsmöglichkeit beim Zuspieler. Paßt er den Ball nach links oder rechts, stellt er ihn hoch oder flach, lang oder kurz? Der Angriffsspieler selbst muß sich nach der Vorbereitung richten. Seine Schlagvarianten werden eng durch die Art des Zuspiels begrenzt. Er hat nur noch eine geringe Bandbreite für Variationen. Bestenfalls kann er eine Angriffsfinte versu-

chen oder mit Handgelenkschlägen unter verschiedenen Schlagrichtungen wählen.
Die gesamte Angriffstaktik besteht aus vier verschiedenen Grundkombinationen mit den jeweiligen Variationsmöglichkeiten. In der Verteidigungstaktik unterscheiden wir je drei Aufstellungsformen für die Abwehr des Aufschlags sowie für die Abwehr eines Netzangriffs.
Taktik beginnt im Volleyball schon mit dem Aufschlag. Wo soll man den Ball hinschlagen? Gibt es im gegnerischen Team einen besonders schwachen Spieler, der Probleme bei der Annahme des Aufschlags hat? Denn unter einem schlecht abgewehrten Aufschlag leidet der gesamte gegnerische Angriff.
Die Team-Taktik beginnt allerdings erst mit der Formierung der sechs Spieler zur Abwehr des Aufschlags.
Um in einem Mannschaftsspiel eine bestimmte Taktik verfolgen zu können, muß die Mannschaft nach einem bestimmten System geordnet werden, d. h. eine ganz bestimmte Aufgabenverteilung für jeden einzelnen Spieler wird vorgenommen; die Summe aller Einzelaufträge ergibt die Team-Taktik. Das individuelle taktische Verhalten jedes einzelnen Spielers hängt natürlich von seinen persönlichen Fähigkeiten ab, von seiner

Technik, seiner Athletik, seinem Körper. Streng nach den Regeln des Volleyballspiels sollte es in dieser Sportart zwar keine Spezialisten geben, doch in der Praxis hat sich die Einteilung in zwei Kategorien ergeben. Man unterscheidet vornehmlich zwischen Aufbauspielern (Zuspieler) und Angreifern. Eine gewisse Aufgabentrennung und Spezialisierung ist zwar damit verbunden, dennoch muß jeder Spieler nach wie vor auf jedem Posten seinen Mann stehen. Aufschläge, Feldabwehr, Zuspiel und Schläge über das Netz bleiben in jedem Fall die notwendige technische Grundlage. Jeder Spieler wird in jedem Spiel damit konfrontiert. Dennoch hat sich im Laufe der Zeit die oben erwähnte Unterscheidung in Zuspieler und Angreifer entwickelt.

Der Aufbauspieler (Zuspieler):

Der Aufbauspieler ist praktisch der Regisseur seiner Mannschaft. Er hat die Aufgabe, mit dem Stellen des Balles am Netz die eigenen Angriffe vorzubereiten. Von ihm hängt es letztlich ab, wie der Angriff durchgeführt wird, ob links oder rechts, ob mit einem steilen oder flachen, langen oder kurzen Paß. Der Erfolg eines Angriffsschlags wird durch die Art des Stellens vorprogrammiert. Selbst der beste Angreifer ist nur noch die Hälfte wert, wenn er von seinem Zuspieler schlecht „bedient" wird. Zuspieler sind in der Regel die kleineren und damit wendigeren Spieler. Sehr viel Erfahrung, gute Übersicht, geistige und körperliche Beweglichkeit, hervorragendes Reaktionsvermögen und Kaltblütigkeit sind notwendig, um den Posten des Zuspielers optimal auszufüllen. Schließlich sollte ein Zuspieler auch selbst Angriffsschläge ausführen können, denn gerade er hat die Möglichkeit zu überraschenden Schlägen ohne Behinderung durch blockende Gegner. Vom Einfallsreichtum des Zuspielers hängt das Angriffsspiel der ganzen Mannschaft ab. Meist sind ältere Spieler die besten Zuspieler. Sehr oft sind sie auch der Kapitän der Mannschaft.

Der Angreifer

Man unterscheidet hier noch in Haupt- und Nebenangreifer. Diese Spieler sollten in der Regel sehr groß und sprungkräftig sein, denn sie haben die Aufgabe, den Angriff mit einem Schmetterschlag abzuschließen. Und je höher und wuchtiger dieser Angriffsschlag ausgeführt wird, desto schwerer wird für den Gegner die Abwehr. Über die Hauptangreifer sollten die meisten Angriffe laufen. Die Nebenangreifer sind oft die wichtigsten Blockspieler. Sie haben im Vergleich mit dem Zuspieler und dem Hauptangreifer praktisch die vielseitigsten Aufgaben, sind also so etwas wie „Allroundspieler", wobei dieser Begriff eigentlich auf jeden Volleyballspieler zutreffen sollte.
Die Mannschaftssysteme unterscheiden sich nach der Zahl der Zuspieler und Angreifer. Die Norm war lange Zeit das 3 : 3-System, also je drei Zuspieler und drei Angreifer. Daraus hat sich aber immer mehr ein 2 : 4-System entwickelt, weil zwei gute Zuspieler in der Regel genügen, die Angriffe optimal vorzubereiten. Und auch ein 1 : 5-System wird öfters angewandt, wenn ein Team nur über einen einzigen überragenden Zuspieler verfügt. Ein Nebenzuspieler aber muß hier zumindest aushelfen, denn nicht immer reicht ein Zuspieler für die Vorbereitung des eigenen Angriffs aus. Ohnehin bestimmen die persönlichen Qualitäten der einzelnen Spieler das System.
Besitzt ein Team einen alles überragenden Hauptangreifer, so wird man natürlich in jedem Fall versuchen, die Mehrzahl der Angriffe über diesen Spieler vorzutragen. Die Taktik im Volleyball wird nicht wie in anderen Mannschaftssportarten so sehr vom Verhalten des Gegners mitbestimmt, sondern in erster Linie von den individuellen Fähigkeiten der eigenen Spieler. Optimal wäre natürlich eine Mannschaft, in der jeder Spieler ein ausgezeichneter Zuspieler und exzellenter Angreifer zugleich ist. Dann könnte man die ganzen Systeme vergessen. Doch in der Praxis hat sich erwiesen, daß es solche „Allround-Experten" kaum gibt. Die Aufgabenverteilung erscheint durchaus sinnvoll.

Aufstellung zur Abwehr des Aufschlags

Bei allen Aufstellungsformen muß zunächst einmal darauf geachtet werden, daß im Moment des Aufschlags durch

den Gegner keine Aufstellungsfehler begangen werden, d. h. die laut Regelwerk vorgeschriebenen Positionen I bis VI müssen in ihrem Grundwesen eingehalten werden. Platzwechsel sind erst nach dem Moment des Aufschlags möglich.

Zu Abwehr des Aufschlags bildet man sogenannte Riegel. Das eigene Feld soll dabei möglichst gleichmäßig abgedeckt sein und zugleich soll die Aufstellung die Vorbereitung des eigenen Angriffs erleichtern. Mit anderen Worten: Gesucht wird jene Aufstellung, die möglichst problemlos die Annahme des Aufschlags ermöglicht und ohne große „Laufereien" sofort in die Formation für den eigenen Angriff einmündet.

Man unterscheidet zwischen dem Vierer-, dem Fünfer- und dem Sechser-Riegel. Die gebräuchlichste Form ist der Fünfer-Riegel. Er ist ein guter Kompromiß zwischen den beiden anderen Möglichkeiten. Er bietet eine gute Abdekkung des Feldes und auch gute Möglichkeiten zum Angriffsaufbau, weil der Zuspieler aus dem Verteidigungsband herausgelöst wird und sich vorne am Netz ganz auf seine Aufbauaufgabe konzentrieren kann. Die anderen fünf Spieler bilden in der Regel in der Form eines „W" den Abwehr-Riegel. Je nach Art des

3
ski

gegnerischen Aufschlags, ob weich oder hart, muß sich der Riegel weiter und tiefer auseinanderziehen oder aber enger zusammenziehen. Bei einem hart geschlagenen Aufschlag verringert sich wegen der gestreckteren Flugbahn die Größe des Aufprallfeldes. Die Spieler können deshalb näher, fast bis auf eine gerade Linie zusammenrücken (größere Gefahr der Aufstellungsfehler!). Sie sollten auch näher zusammenkommen, weil die Reaktionszeit für die Abwehr eines harten Aufschlags natürlich geringer ist als bei einem weich geschlagenen Bogenball, der aber fast an jeder Stelle des Feldes herunterkommen kann.

Die beste Absicherung des eigenen Feldes bietet natürlich der Sechser-Riegel, weil hier alle sechs Spieler den Aufschlag erwarten. Doch der Aufbau des eigenen Angriffs wird dadurch natürlich erschwert.

Das andere Extrem ist der Vierer-Riegel: Nur vier Spieler decken das Feld ab, gleich zwei Spieler können sich vorne am Netz auf den eigenen Angriff konzentrieren.

Aufbau des Angriffs

Die einfachste Form für den Aufbau eines eigenen Angriffs wird durch die Grundaufstellung bestimmt: Der Spieler auf Position III, also der mittlere Netzspieler, übernimmt das Zuspiel. Doch wenn der beste Zuspieler einer Mannschaft nicht gerade auf dieser Position steht, dann versucht man in der Regel durch schnelle Positionswechsel den Zuspieler in die Mitte des Netzes zu bringen. Das ist von den Positionen II oder IV nicht weiter problematisch. Auch von

der Position VI, also Mitte hinten, ist der Weg nicht weit. Nur von den hinteren Außenpositionen (I und VI) wird daraus ein Volleyball der langen Wege. Der Zuspieler muß also sehr schnell sein. Hat der Haupt-Zuspieler den Ball annehmen müssen, muß sich dann der Neben-Zuspieler auf den Weg machen, um vorne den eigenen Angriff vorzubereiten. Kommt der Zuspieler für den zweiten Paß aus der zweiten Reihe, dann verblieben vorne drei Angriffsspieler, was natürlich die Kombinationsmöglichkeiten erhöht. Die besonderen Spielsituationen, ein schlechter erster Paß zum Beispiel, können all dies zu grauer Theorie werden lassen. Dann muß der Angriff eben von jenem Spieler vorbereitet oder auch schon abgeschlossen werden, der gerade den Ball erreicht.

Unmittelbar mit dem Angriffsschlag beginnt bereits die eigene Feldsicherung. Denn der Ball könnte ja sofort vom gegnerischen Block ins eigene Feld zurückprallen. Jeder Angriff muß also gesichert werden. Um den Angreifer bilden die fünf übrigen Spieler praktisch zwei Halbkreise: Vorne zwei Spieler, hinten drei Spieler. Hat der Ball nach dem Angriffsschlag den Block passiert, muß sofort die Aufstellung für Block- und Feldabwehr eingenommen werden.

Aufstellung für Block- und Feldabwehr

In der Regel wird zur Abwehr des gegnerischen Angriffs von zwei Spielern der Block am Netz und von den restlichen vier Spielern der Verteidigungsriegel im Feld gebildet. Der Einerblock ist meist eine Notlösung, wenn es dem Gegner durch besonders geschicktes und überraschendes Kombinationsspiel gelungen ist, die Bildung eines Zweierblocks zu verhindern. Der Dreier-Block wird in Ausnahmen gegen besonders starke gegnerische Hauptangreifer gebildet. Meist in der Mitte des Netzes, seltener auf den Außenpositionen. Doch ein harmonischer Dreier-Block ist ebenso schwierig zu bilden wie eine gute Feldverteidigung mit nur noch drei Spielern.

In der Regel kann man vom Zweierblock als vorderste Abwehrfront ausgehen. Für die Aufstellung der restlichen vier Spieler ergeben sich dann noch verschiedene Möglichkeiten. Diese Möglichkeiten werden bestimmt vom Verhalten des Spielers auf Position VI. Dieser Spieler wird sehr oft weiter nach vorne beordert, um die sogenannte Nahsicherung des Blocks zu übernehmen. Denn die Fläche hinter dem Block ist besonders gefährdet durch kurz gespielte Angriffsschläge oder vom Block abgeprallte Bälle. Für die Abwehr von Schmetterschlägen fällt der Nahsicherer allerdings aus, so daß wieder drei Spieler das gesamte hintere Feld decken müssen.
Natürlich bestimmt die Art des gegnerischen Angriffs in erster Linie die eigene Verteidigungs-Aufstellung. Vor allem bei hohen, weiten Pässen zu den Hauptangreifern wird die systematische Abwehr-Aufstellung ermöglicht. Die Art der Angriffsschläge kann auch dazu führen, auf die Nahsicherung des Blocks zu verzichten, um mit vier Feldverteidigern einen wirksamen Riegel gegen harte Schmetterbälle zu bilden. Wie in allen Situationen des Volleyballspiels ist gedankenschnelle, flexible Anpassung notwendig, um zum Erfolg zu kommen. Mit „Schema F“ allein läßt sich gottlob auch im Volleyball auf Dauer nichts erreichen.

Aufwärmen und gymnastische Auflockerung

Wie in allen Sportarten sollten auch im Volleyball vor dem Spiel (Wettkampf wie Training) die Muskeln gelockert werden. In der Praxis hat sich ein bestimmter Rhythmus für die gymnastische und spielspezifische Aufwärmung herausgebildet, um Muskeln und Organismus optimal vorzubereiten.

Begonnen wird nach einem gewissen „Warmtraben" mit den üblichen Lockerungs- und Dehnungsübungen wie Armschwingen, Armkreisen, Rumpfbeugen, Rumpfkreisen, Hüftkreisen, Grätsch- und Ausfallschritten, Kniehocken und -hüpfen. Das alles natürlich immer wieder unterbrochen mit Lockerungsübungen wie Hüpfen auf der Stelle oder leichtem Lauf.

Die spielspezifische Vorbereitung beginnt mit dem oberen und dem unteren Zuspiel. Daran anschließend zunächst leichte, lockere Schläge aus dem Stand, die vom Partner mit dem Bagger abgewehrt werden. Diese Übungsform wird dann immer härter ausgeführt.

Es folgt das Schmettern am Netz, wobei die Zuspieler zugleich das Stellen trainieren und andere Spieler den Block üben können. Den Abschluß bildet in der Regel das Üben jenes Schlages, mit dem jedes Volleyballspiel beginnt: der Aufschlag.

44 Ratschläge von Bundestrainer Dai-Hee Park

Grundsätzliches

1. Die Spieler sollen eine möglichst niedrige Spielstellung einnehmen, weil dadurch schnelle Bewegungsfähigkeit am ehesten garantiert ist. Die Schnelligkeit hängt ab von der Stellung der Füße und der Lage des Körperschwerpunkts.
2. Sobald der Ball in die eigene Spielfeldhälfte kommt, sollen alle sechs Spieler ihn nicht aus den Augen lassen und ihn einzukreisen versuchen. Ist der Ball in die gegnerische Hälfte gelangt, sollen alle Spieler möglichst schnell ihre Ausgangsposition einnehmen.
3. Auf jeden Ball soll man allergrößte Mühe verwenden, auch wenn es im Einzelfall aussichtslos erscheint, denn nur durch ein solches Engagement ist ein Spiel zu gewinnen.
4. Bei jedem Paß sind die strategischen Möglichkeiten blitzschnell zu durchdenken. Jeder muß mitdenken, weil es für den Zuspielenden ärgerlich ist, wenn sein Paß nicht genutzt wird.
5. Durch Zurufe kann unnötiger Kräfteverschleiß unterbleiben.
6. Selbstvertrauen ist ungeheuer wichtig. Resignation ebenso schädlich.

Zum Zuspiel

7. Jeder soll sich dessen bewußt sein, daß er zum Zuspieler wird, sobald der Ball auf ihn zukommt. Die Spieler sollen sich nicht vom Zuspieler abhängig machen, da in schwierigen Situationen die Ballberührung des Zuspielers oft nur regelwidrig erfolgen kann.
8. Der Läufer soll, sobald er zugespielt hat, die Angriffsdeckung übernehmen und anschließend wieder seine Ausgangsposition einnehmen und nicht – wie es häufig zu beobachten ist – den Fortgang des Spiels beobachten, bevor er seine Ausgangsposition eingenommen hat.
9. Das Zuspiel soll zwischen 30 und 70 Zentimeter vom Netz entfernt erfolgen.

Zur Verteidigung

10. Die Verteidigung hat immer Vorrang. Ein gutes Verteidigungsspiel ist mehr wert als ein guter Angriff. Das gilt für jeden einzelnen Spieler. Den ersten Rang nimmt die Verteidigung ein, den zweiten das Zuspiel und dann erst folgt der Angriff.
11. Jeder Spieler soll mit dem Bewußtsein spielen, notfalls jeden Ball abwehren zu müssen.
12. Ursache für einen zu langsamen Start in der Verteidigung ist entweder eine falsche Fußstellung oder übermäßiger Fersendruck, was zu einer Verlagerung des Körperschwerpunkts nach hinten führt (ebenso wie ein zu weit nach vorn gebeugter Oberkörper).
13. Fußspitzen und Körperschwerpunkt sollen stets in Richtung Ball sein.
14. Beim Rückzug vom Netz in die hintere Spielfeldhälfte sollen die Spieler nicht rückwärts laufen, aber gleichzeitig auch den Ball nicht aus den Augen lassen.

Zum Angriff

15. Ein harter Schlag in einen gut postierten Block ist unbedingt zu vermeiden. Weniger deshalb, weil dabei meist ein Punkt verloren geht, als deshalb, weil ein solcher Schlag demoralisierende Wirkung hat.
16. Geht der Ball links oder rechts über die Seitenlinie, sollen die Angreifer dem Zuspieler sofort zu Hilfe eilen. Auch wenn der Ball dabei unerreichbar erscheint, soll man auf ihn zulaufen.
17. Wenn die Blocksicherung in Aktion tritt, soll sie den Ball so hoch spielen, daß er zum Angriff genutzt werden kann.
18. Die Finte ist eine den Gegner irritierende Strategie. Bei einem nur bedingt angriffsmöglichen Ball soll man eine Finte machen (Oft kommt es auch bei einem

angriffsmöglichen Ball zu einer Finte, was den Gegner in Vorteil bringt).

19. Je länger das Spiel dauert, desto größer wird die Erfolgsquote der Finte.

20. Ohne Block und bei aufmerksamer gegnerischer Abwehr sind Finten zu vermeiden.

21. Bei eigenem Angriff sollen vier Spieler an der Angriffslinie sichern. Der fünfte soll im Hinterfeld bleiben für weit zurückspringende Bälle.

22. Ein guter Angreifer muß kreativ und anpassungsfähig sein und ein blitzschnelles Urteilsvermögen besitzen. Diese Fähigkeiten können nur durch Wettkämpfe und hartes Trainung erreicht werden.

23. Ein schneller Angriff setzt gute Zusammenarbeit zwischen Zuspieler und Angreifer voraus. Teamgeist und nicht Technik sind entscheidend.

24. Der Angriff soll möglichst schnell geschehen, damit sich die gegnerische Abwehr nicht formieren kann.

25. Ein vom Gegner leicht herübergespielter Ball soll unbedingt im Pritschen angenommen werden, wodurch Schnelligkeit und Genauigkeit garantiert sind.

26. Ein leicht herüberkommender Ball muß unbedingt verwertet werden.

27. Ist bei einem leicht herüberkommenden Ball keine Angriffsaktion geglückt, so sollte er nach Möglichkeit in eine „tote Ecke" des gegnerischen Feldes geschlagen werden.

Zum Block

28. Sind die gegnerischen Angreifer zum Schmetterschlag hochgesprungen, so sollen die eigenen Angreifer (Blockspieler) zunächst die Ballposition taxieren und dann zum Block hochspringen.

29. Die nicht unmittelbar am Block be-

teiligten Spieler sollen Baggerstellung einnehmen und sich dann zurückziehen.

30. Bei der Ausgangsstellung zum Block sollen die Hände über Schulterhöhe sein und die Knie stark gebeugt.

31. Ein beim Blockieren berührter Ball soll gleich durch Zuspiel zum Gegenangriff verwertet werden.

32. Beim Block hängt alles von der Berechnung des richtigen Absprung-Zeitpunkts ab. Beim richtigen Timing kann auch der kleinste Spieler den Ball gut abwehren.

33. Blockieren ist wirkungsvoller als einfache Verteidigung. Einem Angreifer, der über den Block zu schlagen vermag, soll man die größten Blockspieler gegenüberstellen.

34. Eine unnötige Blockbildung (Paß unter Netzhöhe, Paß zu weit vom Netz, erwiesen schwacher Angreifer) ist zu vermeiden und die Feldabwehr ohne Block vorzuziehen.

Zur Angabe

35. Die Mannschaft sollte bemüht sein, pro Satz nicht mehr als einen Aufschlagfehler zu machen.

36. Der Spieler, der die Angabe ausführt, soll bedenken, daß alle Mitspieler ihm erst die Angabe ermöglichten.
37. Um einem vom gegnerischen Zuspieler überraschend herübergespielten „zweiten Ball“ zu begegnen, sollte sich der Spieler auf Position VI bei eigener Angabe in der Spielfeldmitte aufhalten und erst nach Zuspiel des gegnerischen Zuspielers seine Ausgangsposition einnehmen.
38. Die Angabe muß von jedem Spieler individuell abgewandelt werden können. Er soll dabei möglichst schnell, stark, variabel und weit schlagen.

Zur Annahme

39. Bei der Annahme soll das Sicherheitsdenken an erster Stelle stehen und die schnelle Verwandlung zum Gegenangriff an zweiter, denn die Annahme ist der Ausgangspunkt für einen neuen Angriff.
40. Schnelles Urteilsvermögen und ein gutes Augenmaß sind die Voraussetzungen für eine sichere Annahme. Im Normalfall ist es günstiger, wenn ein Spieler aus der hinteren Reihe annimmt.
41. Die Annahme soll per Bagger erfolgen, der Ball soll von unten nach oben gespielt werden. Dabei soll das Gesäß dem Boden möglichst nahe sein, weil in dieser Stellung die Flugbahn des Balles am besten vorausberechnet werden. kann.

Zur Taktik

42. Normalerweise ist in jeder Mannschaft ein Spieler mit der Aufgabe betraut, schnelle Angriffe durchzuführen. Man sollte möglichst schnell herausfinden, welchem Spieler diese Aufgabe zugeteilt ist, um gegnerische Täuschungsmanöver im Ansatz zu erkennen, was unnötige Blockbildung erspart.
43. Die rasche Beurteilung der den gegnerischen Spielern zugeteilten Aufgaben ist die beste Voraussetzung für einen Sieg, d. h., es gilt schnell zu erkennen, wer von den Gegnern Zuspieler, wer Hauptangreifer ist, wer schnelle Angriffe beherrscht und wer Täuschungsmanöver ausführen soll.
44. Ein rasches Erkennen der Schwächen des Gegners ist ebenso wichtig wie eine schnelle Beurteilung seiner Stärken. Das schnelle Urteil ermöglicht die Feststellungen, auf welchen gegnerischen Spieler die Angabe gespielt werden sollte, wie Finten auszuführen sind und ob bevorzugt diagonal oder longline anzugreifen ist.

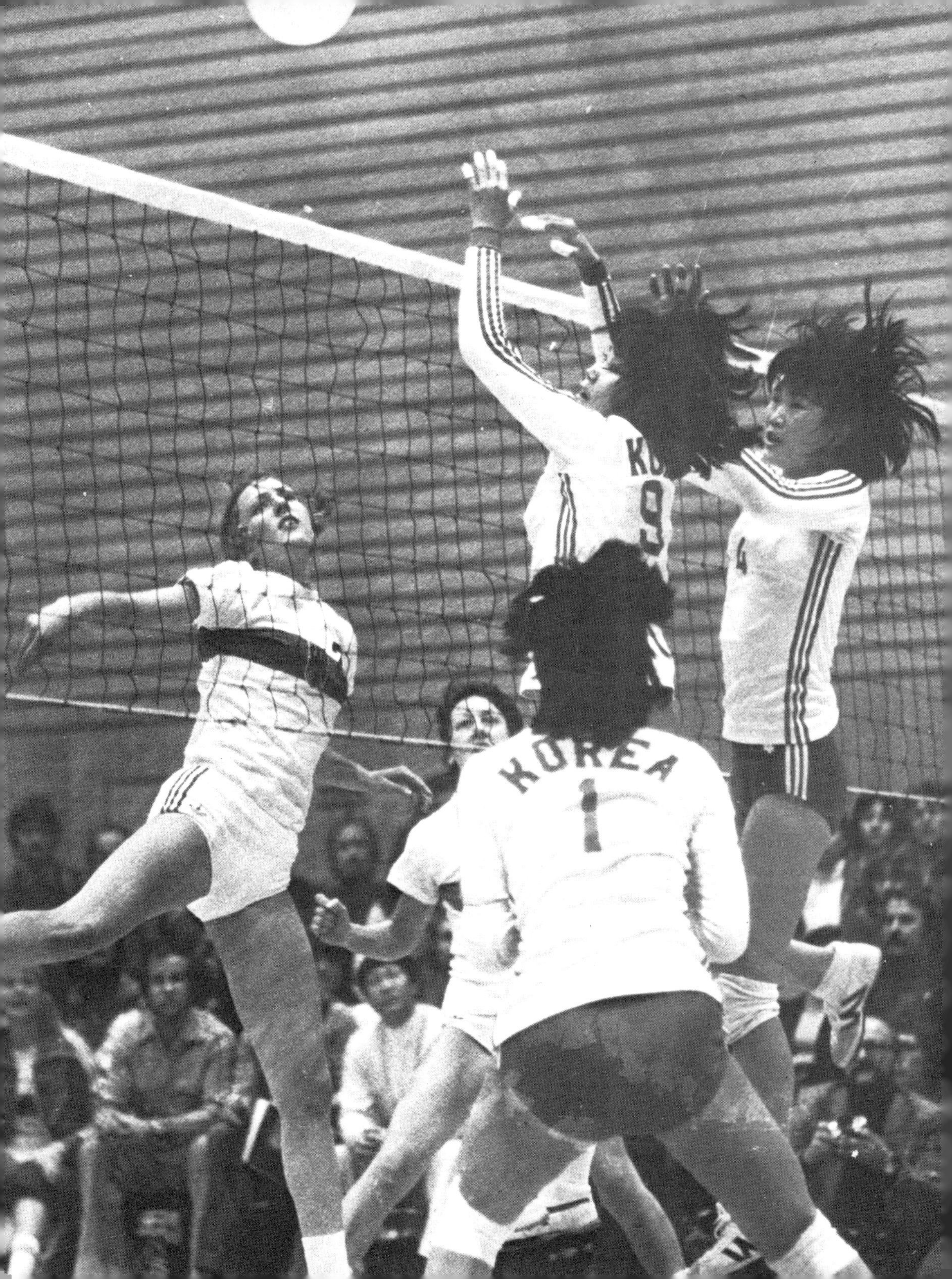

KOREA
1
9
4

Internationale Schiedsrichter-Handzeichen

(Bestätigt vom 13. FIVB-Kongreß in München)

Erläuterung

1 – Nummer des Handzeichens
2 – Zeichnung
3 – wird ausgeführt:
a) vom 1. Schiedsrichter
b) vom 2. Schiedsrichter
c) vom Anschreiber
d) vom Linienrichter
4 – Bezeichnung
5 – Erklärung

Bemerkungen:
1. Die Handzeichen werden auf der Seite der Mannschaft ausgeführt, die den Fehler begangen, den Spielerwechsel oder die Auszeit beantragt hat.
2. Nach dem erforderlichen Handzeichen zeigt der Schiedsrichter die Seite der Mannschaft an, die die nächste Aufgabe ausführen muß.
3. Um Unklarheiten zu vermeiden, sollten alle Handzeichen zweckmäßiger Weise von beiden Schiedsrichtern ausgeführt werden.

1		☒ ☐ ☐ ☐	Aufgabewechsel oder Punktgewinn	eine Bewegung in Richtung der Mannschaft ausführen, die die Aufgabe vollziehen muß
2		☒ ☒ ☐ ☐	der Ball fällt in das Spielfeld „INNERHALB“	mit der Hand und den Fingern nach unten zeigen

3		☐ ☐ ☐ ☒	der Ball fällt in das Spielfeld „INNERHALB“	die Fahne senken
4	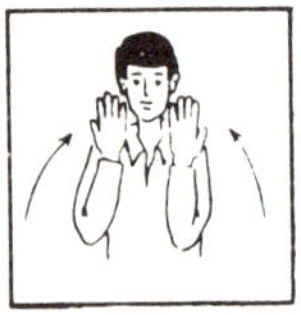	☒ ☒ ☐ ☐	der Ball ist „AUS“ – außerhalb der Antennen und/oder des Feldes, – oder außerhalb der vorhandenen Seitenmarkierung, – oder er berührt die Antennen	die Unterarme senkrecht heben, mit geöffneten Händen, die Handflächen nach außen
5		☐ ☐ ☐ ☒	der Ball fällt außerhalb des Spielfeldes zu Boden „AUS“	die Fahne heben
6	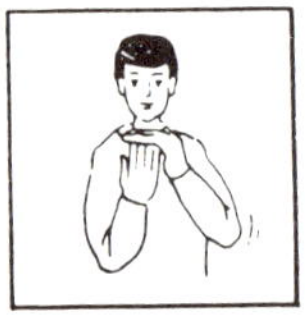	☒ ☒ ☐ ☐	der Ball fällt außerhalb des Spielfeldes zu Boden, wurde aber vorher noch von einem Spieler berührt	mit der waagerecht gehaltenen Hand über die Finger der senkrecht gehaltenen Hand streichen

7	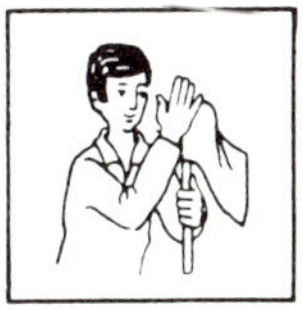	☐ ☐ ☐ ☒	der Ball fällt außerhalb des Spielfeldes zu Boden, wurde aber vorher noch von einem Spieler berührt	die Fahne heben und oben mit der Handfläche berühren
8		☐ ☐ ☐ ☒	– der Ball passiert das Netz nicht vollständig innerhalb der Antennen – Fehler bei der Aufgabe (Übertreten)	– die erhobene Fahne bewegen und mit dem Finger auf die Antenne zeigen – erhobene Fahne bewegen, zum Aufgaberaum zeigen
9		☒ ☒ ☐ ☐	der Ball wird viermal von der gleichen Mannschaft berührt	vier Finger heben
10		☒ ☒ ☐ ☐	– Übertreten der Mittellinie oder deren Verlängerung – Passieren der vertikalen Ebene unter dem Netz und dabei Berühren des Balles oder eines Gegenspielers im gegnerischen Feld	auf die Mittellinie zeigen und gleichzeitig eine Bewegung in Richtung der Mannschaft ausführen, die die Aufgabe vollziehen muß; den Spieler bezeichnen, der den Fehler begangen hat

11		☒ ☐ ☐ ☐	– gehaltener, – geführter, – getragener, – gehobener, – gestoßener Ball	langsam eine Hand heben mit der Handfläche nach oben
12		☒ ☒ ☐ ☐	– der Ball wurde zweimal nacheinander vom selben Spieler geschlagen – Doppelschlag und Rollen des Balles	zwei Finger senkrecht heben
13		☒ ☐ ☐ ☐	der Ball ist von einem Körperteil unterhalb der Gürtellinie berührt worden	den Spieler bezeichnen, der den Fehler begangen hat, mit der anderen Hand eine Bewegung von der Gürtellinie in Richtung des Bodens ausführen
14	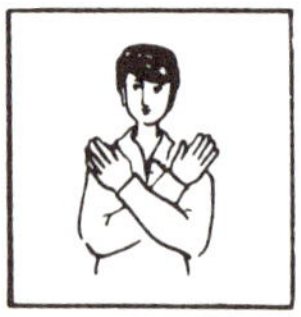	☒ ☐ ☐ ☐	Satzende	Unterarme vor der Brust kreuzen

15		☒ ☒ ☒ ☐	„AUSZEIT“	eine Handfläche auf die Finger der senkrecht gehaltenen anderen Hand legen (ein T bilden), dann mit der Hand die Mannschaft zeigen, die die Auszeit beantragt hat
16		☒ ☒ ☐ ☐	„SPIELERWECHSEL“	kreisen einer Hand um die andere
17	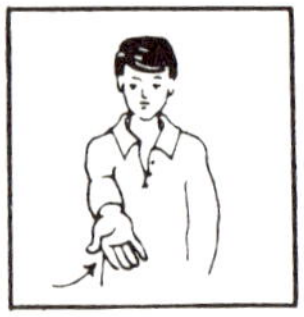	☒ ☐ ☐ ☐	der Ball wurde bei der Aufgabe aus der Hand geschlagen	den gestreckten Arm heben, mit der Handfläche nach oben
18		☒ ☐ ☐ ☐	Verzögerung bei der Ausführung der Aufgabe (länger als 5 Sekunden)	fünf Finger spreizen und senkrecht nach oben zeigen

19		☒ ☒ ☐ ☐	– der Ball hat bei der Aufgabe das Netz berührt – ein Spieler hat das Netz berührt	– mit der Hand das Netz berühren – mit der Hand das Netz berühren und den Spieler bezeichnen
20		☒ ☐ ☐ ☐	– Doppelfehler durch zwei Spieler gegnerischer Mannschaften – Wiederholung der Aufgabe	beide Daumen senkrecht heben
21		☒ ☒ ☐ ☐	ein Grundspieler hat am Block teilgenommen	beide Arme nach oben führen und den betreffenden Spieler bezeichnen
22		☒ ☒ ☒ ☐	– Aufstellungsfehler im Augenblick der Aufgabe – die Aufgabe wurde nicht in der richtigen Rotationsordnung ausführt	mit der Hand einen Kreis zeichnen und den (die) betreffenden Spieler bezeichnen

23		☒ ☐ ☐ ☐	– der Ball wurde im Feld des Gegners geschlagen – irregulärer Block	der Schiedsrichter greift mit der Hand über das Netz und zeigt auf den (die) betreffenden Spieler
24		☒ ☒ ☐ ☐	ein Grundspieler spielt den oberhalb der Netzkante befindlichen Ball innerhalb der Angriffszone in das gegnerische Feld	eine Bewegung von oben nach unten mit dem Unterarm ausführen und den betreffenden Spieler bezeichnen
25		☒ ☒ ☐ ☐	bei der Aufgabe hat der Ball einen Spieler oder Gegenstand berührt, bevor er im gegnerischen Feld angenommen wurde	den Spieler oder den berührten Gegenstand bezeichnen
26		☒ ☐ ☐ ☐	– Ermahnung – Verwarnung – Feldverweis	– gelbe Karte zeigen – rote Karte zeigen – zeigen der gelben und roten Karte, Kapitän mitteilen, ob Feldverweis des Spielers für den Satz oder den Rest des Spieles gilt

Der Volleyball-Test

Der Volleyball-Test besteht aus einigen Geschicklichkeitsübungen und einem Spiel, an dem jeder Teilnehmer Anteil haben kann.

1. 5 Minuten Gymnastik
(vom Veranstalter zu organisieren)
2. 5 Minuten baggern
3. 5 Minuten pritschen
Anmerkung zu 2 und 3: In der Halle wird gegen eine Wand gespielt; im Freien mit einem Zuspieler, der den Ball fängt und wirft.
4. 5 Minuten Aufgabe zu einem Partner, der den Ball fängt oder ihn sich selbst hochbaggert oder hochpritscht und dann seinerseits aufgibt.
Anmerkung zu 4:
Ohne Netz, Aufstellung an den Seitenlinien, der Ball fliegt also parallel zum Netz über 9 m Entfernung.
5. Spiel
Entweder:
Kleinfeldspiel mit einfachen Regeln;
Feldmaße: 4,5 × 6 m pro Hälfte;
Netzhöhe: Mindestens 2,24 m, höchstens 2,43 m;
Spielerzahl: Mindestens 2, höchstens 3 in jeder Feldhälfte.
Der Ball darf geworfen, gefangen, gebaggert und gepritscht werden. Der Spieler soll entscheiden dürfen, welche Form er in der betreffenden Situation bewältigen kann. Wichtig ist, daß der Ball möglichst nicht auf den Boden fällt. Wenn er auf den Boden fällt, gibt ihn die andere Gruppe wieder ins Spiel. Das kann durch werfen oder Volleyballaufgabe geschehen, und zwar von einem beliebigen Punkt hinter der eigenen Feldhintergrenze.
Es wird nach Zeit gespielt; Dauer: 2 × 10 Minuten, wobei nach 10 Minuten die Felder gewechselt werden.
Punkte können – müssen also nicht – gezählt werden.
Oder:
2 Sätze Volleyballspiel
(vornehmlich für Teilnehmer mit Vorkenntnissen)
Netzhöhe:

Bei nur weiblichen Teilnehmern	2,24 m
Bei nur männlichen Teilnehmern	2,43 m
Bei gemischten Gruppen	2,35 m

Feldgröße:
9 × 9 m je Spielfeldhälfte
Spielerzahl:
Mindestens 4, höchstens 6 auf einer Seite.
Der Ball wird nach den gültigen Volleyballregeln gespielt.
6. Medaille
Jeder erfolgreiche Teilnehmer erhält sofort die Medaille der Trimm-Spiele 1977. Diese Medaille hat auf der Vorderseite den goldglänzenden Trimmy mit dem Zu-

satz „Volleyball-Test" und ist mehrfarbig blau ausgelegt. Die Rückseite zeigt das Symbol der Trimm-Spiele mit einer Inschrift. Der Preis für diese Medaille beträgt je Stück 1,85 DM (einschl. MwSt.).

7. Veranstalter von Volleyball-Tests

Als Veranstalter von Volleyball-Tests sind alle Vereine der Mitgliedsverbände des DSB vorgesehen.

Bei Volleyball-Tests, die von Schulen, Sportgruppen oder anderen Organisationen durchgeführt werden, bedarf es ebenfalls der Genehmigung des DVV. Anschrift: 4400 Münster, Klosterstr. 18

8. Teilnehmergebühren

Im Sinne der Volkstümlichkeit sollen die Teilnehmergebühren die folgenden Höchstsätze nicht überschreiten:

Jugendliche (bis 18 Jahre)	bis 3,– DM
Erwachsene	bis 4,– DM

9. Meldungen

Die Teilnehmer können sich am Veranstaltungstag unmittelbar am Wettkampfort melden. Sollten es organisatorische Gründe notwendig erscheinen lassen, so ist eine Möglichkeit zur Voranmeldung (Einzahlung der Meldegebühr gegen Ausgabe der Teilnehmerkarte) einzurichten.

10. Versicherung

Jeder Veranstalter hat die Teilnehmer gegen Unfall und Haftpflicht zu versichern; die Prämie beträgt je Teilnehmer DM 0,15. Der Veranstalter erhält rechtzeitig ein Merkblatt mit einem Anmeldeformular. Mitgliedsvereine der Landessportbünde Berlin, Saarland, Hamburg, Schleswig-Holstein, Bremen, Hessen sowie des Sportbundes Rheinland brauchen für die Teilnehmer an ihrem Volkswettbewerb keine Versicherung abschließen; die dort bestehenden Versicherungsverträge schließen die Teilnehmer an Volkswettbewerben mit ein.

Um eine möglichst einfache Abwicklung zu erreichen, werden dem Veranstalter genormte Anmeldeformulare und Merkblätter rechtzeitig vor jeder Veranstaltung zugestellt.

11. Sanitätsdienst

Ärztliche oder Erste Hilfe muß vorhanden sein.

Organisatorische Hinweise für Veranstalter

Anmeldung der Veranstaltung:

Die Veranstaltung soll möglichst früh (6 Wochen vor dem Test) beim Deutschen Volleyballverband (DVV), 4400 Münster, Klosterstraße 18, angemeldet werden. Dabei sollen Ort und Tag der Veranstaltung, Anschrift des Veranstalters (ggf. die gesonderte Anschrift für den Empfänger der Materialien), gewünschte Menge und Art der Materialien und Auszeichnungen angegeben werden.

Die Veranstalter werden gebeten, bei der Auszeichnungs-Bestellung vertretbare Stückzahlen aufzugeben. Die in mehreren Jahren gemachten Erfahrungen beweisen immer wieder, daß zu hohe Bestellungen abgegeben werden.

Werbung

Die Werbung muß frühzeitig beginnen, der Schwerpunkt soll auf die Teilnahmemöglichkeit der ganzen Familie gelegt werden. Jeder soll mitmachen!

Zur Werbung für die Veranstaltung werden folgende Materialien geliefert:

Plakate (kostenlos), jedoch muß der örtliche Eindruck durch den Veranstalter vorgenommen werden;

Handzettel (kostenlos) mit der Kurzfassung der Bedingungen (u.a. für Postwurfsendungen geeignet). Die freie Seite dieser Zettel sollte für die örtlichen Hinweise genutzt werden.

Durchführung der Veranstaltung

Jeder Teilnehmer am Volleyball-Test muß im Besitz einer Teilnehmerkarte sein. Diese wird gegen Einzahlung der vom Veranstalter festgesetzten Teilnehmergebühr ausgegeben. Der Teilnehmer muß angehalten werden, die Teilnehmerkarte selbst auszufüllen.

Hat der Teilnehmer alle Übungen absolviert, so wird geprüft, ob die Mindestforderung erreicht ist und eine Medaille ausgegeben werden kann.

Zeitplan für den Veranstalter

1. Veranstaltungstermin (spätestens 6 Wochen vorher) beim Deutschen Volleyball Verband, 4400 Münster, Klosterstraße 18, anmelden. Dabei Angabe von Ort und Tag der Veranstaltung, Anschrift des Veranstalters (ggf. gesonderte Anschrift des Empfängers der Materialien), gewünschte Menge und Art der Materialien und Auszeichnungen.

Sind keine Angaben über die tatsächlich benötigten Stückzahlen der Materialien gemacht worden, so erhält der Veranstalter nur 1 Standardsatz Werbe- und Organisationsmaterial zugestellt: 100 Plakate, 50/50 Teilnehmer-Karten, 500 Handzettel. Wünsche nach Mehr- oder Minder-Stückzahlen bekanntgeben.

2. Bei rechtzeitiger Anmeldung erhält der Veranstalter bis 4 Wochen vor der Veranstaltung die angeforderten Werbematerialien und die Teilnehmerkarten.

3. Die Auszeichnungen werden mit je 1,85 DM (einschl. MwSt.) berechnet. Auszeichnungen werden nur zugestellt, wenn diese ausdrücklich unter Angabe der benötigten Stückzahlen mit der Veranstalter-Anmeldung bestellt werden.

4. Am Tag nach der Veranstaltung können evtl. noch benötigte Auszeichnungen direkt beim Hersteller nachgefordert werden. – Überzählige Auszeichnungen können mit der Abrechnung bis 10 Tage (Absendetag beim Veranstalter) nach dem angemeldeten Termin zurückgegeben werden.

Jede Änderung des gemeldeten Veranstaltungstermines muß dem Hersteller sofort – spätestens 3 Tage nach dem erstgenannten Termin – schriftlich mitgeteilt werden.

Bei jeder Rücksendung von nicht benötigten Auszeichnungen werden folgende Bearbeitungsgebühren erhoben:

liegt die zurückgelieferte Stückzahl unter 10 % der Gesamtliefermenge
= keine Gebühr

bis 100 Stück Rücklieferung
= DM 5,– Gebühr

101–500 Stück Rücklieferung
= DM 10,– Gebühr

501–1000 Stück Rücklieferung
= DM 25,– Gebühr

über 1000 Stück Rücklieferung
= DM 35,– Gebühr

Alle Gebühren einschließlich Mehrwertsteuer. Die Bearbeitungsgebühren fallen für Rücksendungen zu jeder ausgelieferten Sendung an.